班主任
心理辅导常识

BANZHUREN
XINLI FUDAO CHANGSHI

本套丛书根据班主任工作的实际需求，分门别类地对班主任的专业发展、班级管理、工作方法等方方面面进行了介绍，辅以一线教师的实践案例，为广大教师提供了丰富的参考资源。尤为可贵的是，本丛书注重时代性，研究和解决了一些当前教育情形下的新问题，可谓是班主任教师们新的经典。

BENSHU BIANXIEZU

本书编写组◎编

世界图书出版公司
WPC
广州·北京·上海·西安

图书在版编目（CIP）数据

班主任心理辅导常识/《班主任心理辅导常识》编
写组编 . —广州：世界图书出版广东有限公司，2010. 11（2024.2 重印）
ISBN 978 - 7 - 5100 - 2998 - 1

Ⅰ . ①班… Ⅱ . ①班… Ⅲ . ①班主任－教师心理学

Ⅳ . ①G443

中国版本图书馆 CIP 数据核字（2010）第 217567 号

书　　　名	班主任心理辅导常识	
	BAN ZHU REN XIN LI FU DAO CHANG SHI	
编　　　者	《班主任心理辅导常识》编写组	
责任编辑	冯彦庄	
装帧设计	三棵树设计工作组	
出版发行	世界图书出版有限公司　世界图书出版广东有限公司	
地　　　址	广州市海珠区新港西路大江冲 25 号	
邮　　　编	510300	
电　　　话	020-84452179	
网　　　址	http://www.gdst.com.cn	
邮　　　箱	wpc_gdst@163.com	
经　　　销	新华书店	
印　　　刷	唐山富达印务有限公司	
开　　　本	787mm×1092mm　　1/16	
印　　　张	12	
字　　　数	160 千字	
版　　　次	2010 年 11 月第 1 版　2024 年 2 月第 4 次印刷	
国际书号	ISBN　978-7-5100-2998-1	
定　　　价	59.80 元	

"班主任新经典"丛书编委会

主　编

王利群　　解放军装甲兵工程学院心理学教授
周作宇　　北京师范大学教授、教育学部部长

编　委

马世晔　　中华人民共和国教育部考试中心
李功毅　　《中国教育报》副总编
王增昌　　《中国教育报》高级编辑
殷小川　　首都体育学院心理教研室教授
张彦杰　　北京市教育考试院
魏　红　　北京师范大学教务处
刘永明　　北京师范大学继续教育与教师培训学院 副研究员
刘艳茹　　北京市顺义区教育研究考试中心，中学高级教师
刘维良　　北京教育学院教育学教授
杨树山　　中国教师研修网执行总编
肖海雁　　山西大同大学心理系主任，教授
张兴成　　西南大学（原西南师范大学）副教授
南秀全　　湖北黄冈特级教师
方　圆　　北京光辉书苑教育研究中心研究员

序　言

随着教育改革的深入和学校教育活动越来越丰富多样，班主任在学校中所担当的角色也越来越多，新时代对班主任提出了"全能"的要求。顾名思义，"全能的班主任"就是指班主任要成为一个全面发展的人，能够在学生发展的各个方面都能提供帮助。班主任应该是爱的传播者，班主任要成为学生的知心朋友，成为全体学生的领路人，成为学生的心理医生；班主任应该是班级的建设者，要成为班级文化的设计师，成为班级纪律的管理员，成为班级成员的评判者。班主任还应该是自我实现的人，班主任要做一个管理者、教育者、研究者，班主任要在成全全体学生的同时，要实现自己的专业成长和个人价值。

换而言之，要成为一个"全能的班主任"，需要扮演好以下的几个角色：

一、学生的知心朋友和领路人

班主任爱学生，成为学生的知心朋友，是做好各项工作的前提和基础。为此，班主任对学生必须真诚、平等，要经常站在学生的角度，设身处地为他们着想。

"领路人"的角色，意味着班主任的一言一行都会影响到全体学生。班主任一定要保证自己是"朝着正确的方向行走"，这样师生一路结伴而行，才会成为有意义的事情。

二、学生的心理医生

班主任应像心理医生那样和蔼可亲，细致入微地体察学生的内心世界。为此，班主任必须熟悉心理学，学会综合运用心理学和心理咨询的方法，帮助学生分析、解决面临的各种问题及心理障碍，注重培养学生的社会适应能力。

三、班级的建设者和管理者

班级的组织、制度、文化建设，都是至关重要的，尤其是班级文化对学生的教育力和影响力非常巨大。班主任除了注意班级目标、班规班纪、管理机制、竞争机制、教室美化、活动开展这些方面的建设和管理，还要把重点放在积极向上的班风班貌、合作进取的团队精神等的营造上，使每一个班级成员都受到熏染和浸润。

四、评判者和沟通者

班主任在学生心目中却有着较高的威信，这种威信常体现在他的"裁判"角色中。学生之间发生冲突或争执，甚至是对某个问题存在争论，他们都会找到班主任这里来"评理"。班主任要通过评判，引导学生建立起认识问题的正确思维方法和正确的价值体系。另外，班主任也应该是使学校教育、家庭教育、社会教育相一致、相配合的枢纽和桥梁。

五、研究者和自我实现者

如何按照教育规律和儿童身心发展规律，积极有效地教育好学生是一项非常复杂的工作。这就需要班主任在自己的实践中，注重观察，仔细分析研究，努力探索班级管理和教育的规律，不断总结具有学术价值和实践意义的理论与经验。班主任的研究过程，本身就是一个实现自我专业成长的过程，是一个自我价值实现的过程。

现实的情况是，有的班主任能够顺应教育发展趋势，及时改变自己，很好地适应了新背景下的工作要求，而有的班主任却思维僵化，教育教学方法不能与时俱进，或者是虽然有意改变自己，但转变过于缓慢，成为一个落伍者；另外也有一些新入职的班主任，对班主任工作缺乏足够的了解，工作能力也亟需提高。

鉴于此，我们对新背景下班主任应该具备怎样的素质，进行了一次梳理，组织专家编写了这套"班主任新经典"丛书。我们的希望是，班主任能够在阅读中汲取营养，在实践中不断提高自我，最终成长为一个"全能的班主任"。

目 录
Contents

引　言

　　班主任是学校教育中很重要的一个角色，除了担任日常的教学工作以外，还要管理全班同学的日常纪律、学习，甚至是生活。责任之重，工作之密，都是不难想象的。

　　在学生时代中，每一个学生印象最深刻的老师可能就是自己的班主任。一名优秀的班主任，他/她成功的教育方式可能会影响这位学生的一生，班主任曾经的言传身教会成为学生以后做事做人的范本。所以，班主任的重要性不容小视。同时，班主任也要注重自身修养的提高，力争做一名优秀的班主任。

　　在经营好一个班的学生的学习与生活之外，学生心理健康方面也应该是需要班主任格外重视的。学生心理问题犹如暗涌之流，有时是很难察觉的，一旦暗流变成决堤之洪，班主任再想加以控制，就已经晚了。

　　学生心理问题是所有学生问题中最复杂的一个层面，甚至可以说是大部分学生问题的根源。一个人的心理支配他对事物的认知、反应、行为方式等。学生若是出现学习问题、道德问题、行为问题和情感问题等，很有可能就是由其心理问题所引发的。

　　现在，学生学习负担加重，接受外界信息增多，在生理和心理上都表现出一定的早熟。这些情况都会使学生产生不同于过去的心理问题，所以，班主任也需要与时俱进，随时掌握学生动态和学生心理。

　　每一位已经走上工作岗位的班主任或是愿意担任班主任角色的老师，都要将学生的心理辅导作为工作的一个重点。如果此工作进行得顺利完满，则会对班主任其他的教学工作起到很大的促进作用。反之，如果处理不当或简单应付，则会成为班主任开展其他工作的阻碍。

在了解到学生心理辅导的重要性之后，下面就是如何开展此项工作了。

首先，班主任需要掌握一些心理学的基础知识，尤其是青少年心理学。青少年是一个有发展性的群体，所以，班主任也要用发展的眼光来看待，了解学生每一个阶段的心理知识，才可以做到有的放矢，取得效果。

其次，班主任要学会一些心理辅导的方法。班主任并不需要像心理咨询师一样专业，但是，如果想成为一名优秀的班主任，还是应该严格要求自己，争取让自己可以专业一些。学习专业的心理辅导方法是很重要的一环。心理辅导包括个体辅导和团体辅导两个大类，每一类有其适用情况和优缺点。个体辅导又根据学生心理问题的不同再细分为很多小类，团体辅导亦如此。

最后，班主任自身应该具备一些素质，包括职业素质和心理素质。在对待学生问题时，班主任应该有良好的心态、处理的原则等。这些是班主任心理辅导的前提与必备。

第一章

走入学生的内心世界

第一节 心理健康的标准

一、心理健康的定义

世界卫生组织是这样定义"健康"两字的："健康是一种身体上、精神上和社会适应上的完好状态，而不是没有疾病及虚弱现象。"从这个定义中可以看出，它所涵盖的内容要比身体健康丰富得多，与我们传统意义上的健康存在很大不同。它包括了三个基本要素：①躯体健康；②心理健康；③具有社会适应能力。具有社会适应能力是国际上公认的心理健康首要标准。全面健康包括躯体健康和心理健康两大部分，两者密切相关，缺一不可，无法分割。这是"健康"概念的精髓。

比较过去，人们对心理健康的重视程度显著增加。在这个压力巨大的社会中，人的心理也承受了前所未有的负荷。现在，我们清楚，人的心理健康如果出现问题，一定程度上也对他的生理健康产生不良影响。举例来说，一个人性格孤僻，心理长期处于一种抑郁状态，就会影响内激素分泌，使人的抵抗力降低，疾病就会乘虚而入。一个原本身体健康的人，如果老是怀疑自己得了什么疾病，就会整天郁郁寡欢，最后导致真的一病不起。

二、心理健康的标准

我们都知道，人的生理健康是有其严格的标准。同样，心理健康也有属于自己的标准。不过，心理健康的标准不及生理健康的标准具体与客观。了解与掌握心理健康的定义对于增强与维护人们的健康有很大的意义。人们掌握了人的健康标准，以此为依据对照自己，进行心理健康的自我诊断。发现自己的心理状况某个或某几个方面与心理健康标准有一定距离，就有针对性地加强心理锻炼，以期达到心理健康水平。如果发现自己的心理状态严重地偏离心理健康标准，就要及时地求医，以便早期诊断与早期治疗。

美国心理学家马斯洛和米特尔曼提出的心理健康的 10 条标准被认为是"最经典的标准"：

（1）充分的安全感。

（2）充分了解自己，并对自己的能力作适当的估价。

（3）生活的目标切合实际。

（4）与现实的环境保持接触。

（5）能保持人格的完整与和谐。

（6）具有从经验中学习的能力。

（7）能保持良好的人际关系。

（8）适度的情绪表达与控制。

（9）在不违背社会规范的条件下，对个人的基本需要作恰当的满足。

（10）在不违背社会规范的条件下，能作有限的个性发挥。

也可以参看我国著名的心理学家王登峰、张伯源提出的心理健康标准：

1. 了解自我、悦纳自我

一个心理健康的人能体验到自己的存在价值，既能了解自己，又能接受自己，有自知之明，对自己的能力、性格和长短处都能作出恰当的、客观的评价；对自己不会提出苛刻的、非分的期望与要求；对自己的生活目标和理想也能定得切合实际，因而对自己总是满意的；努力发展自身的潜能，即使对自己无法补救的缺陷，也能泰然处之。一个心理不健康的人则缺乏自知之明，并且总是对自己不满意；由于所定的目标和理想不切实际，主观和客观的距离相差太远而总是自责、自怨、自卑；由于总是要求自己十全十美，而自己却又总是无法做到完美无缺，无法容忍自己做事情上面存在的不足，结果心理状态永远无法平衡，无法摆脱自己感到将要面临的心理危机。

2. 接受他人，善与人处

心理健康的人乐于与人交往，不仅能接受自我，也能接受他人、悦纳他人。能认可别人存在的重要性和作用，同时也能为他人和集体所理解、所接受，能与他人相互沟通和交往，人际关系协调和谐；在生活的集体中能融为一体，既能与挚友相聚时共享欢乐，也能在独处沉思时无孤独感；在与人相处时，积极的态度（如同情、友善、信任、尊敬等）总是多于消极的态度（如猜疑、嫉妒、畏惧、敌视等），因而在社会生活中有较强的适应能力和较充足的安全感。而心理不健康的人可能常常置身于集体之外，与周围的人格格不入。

3. 正视现实，接受现实

心理健康的人能够面对现实，接受现实，能动地适应现实，进一步改造现实，而不是逃避现实；对周围事物和环境能作出客观的认识和评价，并能与现实环境保持良好的接触；既有高于现实的理想，又不会沉湎于不切实际的幻想与奢望；对自己的力量有充分的信心，对生活、学习和工作中的各种困难和挑战都能妥善处理。心理不健康的人往往以幻想代替现实，而不敢面对现实，没有足够的勇气去接受现实的挑战；总是抱怨自己"生不逢时"或责备社会环境对自己不公而怨天尤人，因而无法适应现实环境。

4. 热爱生活，乐于工作

心理健康的人能珍惜和热爱生活，积极投身于生活，并在生活中尽情享受人生的乐趣，而不会认为生活是重负；他们在工作中尽可能地发挥自己的个性和聪明才智，并从工作成果中获得满足和激励，把工作看作是乐趣而不是负担；他们能把工作中积累的各种有用的信息、知识和技能存储起来，随时提取使用，以解决可能遇到的新问题，使自己的工作更有效。

5. 能协调与控制情绪，心境良好

心理健康的人愉快、乐观、开朗、满意等积极情绪总是占优势，当然也会有悲观、忧愁、愤怒等消极情绪体验，但一般不会长久；他们能适度地表达和控制自己的情绪，喜不狂、忧不伤、胜不骄、败不馁，谦而不卑，自尊自重，既不妄自尊大，也不退缩畏惧；对于无法得到的东西不过分追求，争取在社会允许范围内满足自己的各种需要；对于自己所能得到的一切都感到满意。

6. 人格完整和谐

心理健康的人，气质、能力、性格和理想、信念、动机、兴趣、人生观等各方面平衡发展，人格作为人的整体的精神面貌能够完整、协调、和谐地表现出来；他们思考问题的方式是适中和合理的，待人接物能采取恰当灵活的态度，对外界刺激不会有偏颇的情绪和行为反应；他们能够与社会的步调合拍，也能和集体融为一体。

7. 智力正常，智商在 80 分以上

智力正常是人们正常生活工作和学习的基本心理条件，是心理健康的重要标准。一般智商低于 70 分者为智力落后，而智力落后是很难称为心理健康的。

8. 心理行为符合年龄特征

在人的生命发展的不同年龄阶段，都有相对应的心理行为表现，从而形成不同年龄阶段独特的心理行为模式。心理健康的人应具有同年龄多数人所符合的心理行为特征。如果一个人的心理行为经常严重偏离自己的年龄特征，一般是心理不健康的表现。

以上是中西两种心理健康标准。班主任需要多了解掌握一些心理健康及其标准的常识，并且针对青少年的实际特点来进行教学与教育工作。

第二节 青少年的心理健康

一、青少年健康现状

卫生部"2002 年儿童、青少年心理健康问题座谈会"公布的调查统计显示，我国儿童、青少年行为问题的检出率为 12.97%，有焦虑不安、恐怖和抑郁情绪等问题的大学生占学生总数的 16% 以上。而世界卫生组织的调查显示，其中只有不足 20% 的患者得到了适宜的治疗。

据中国疾病控制中心精神卫生中心提供的信息，我国 18 岁以下未成年人 3 亿多人中，据保守估计，有各类学习、情绪、行为障碍者达 3000 万。突出表现为人际关系、情绪稳定性和学习适应方面的问题。仅常见的儿童注意缺陷多动障碍（儿童多动症）的患病率，在北京为 5.7%，湖南为 6%，估计其中有 30% 会发展为成人注意缺陷多动障碍；大学生中，近 25% 有心理障碍，以焦虑不安、恐怖、神经衰弱、强迫症状和抑郁情绪为主。而根据北京大学精神卫生研究所对北京 16 所大学学生 10 年中辍学原因的分析，1982 年以前主要为传染性疾病，而 1982 年以后则为精神障碍。并且，心理问题有上升的趋势，主要以焦虑、抑郁等神经症行为的增多为主。

二、青少年心理健康更应受到关注

健康的个性品质是学生学习、生活和人际交往的心理基础。孤僻、好嫉妒、暴躁冲动等不良性格常常会影响学生的健康成长。个性特点往往与个体情绪特点密切联系，如孤僻的学生常常伴有抑郁情绪，好嫉妒的学生常常伴有焦虑情绪。情绪健康是心理健康的显著标志，学校心理辅导的一项重要任务，是处理学生的情绪健康问题。

青少年还处于身体与心理共同发展中，一切还未达到完善的程度。所以，青少年的心理健康就应该受到更多的关注与保护。

有专家预测：21 世纪心理疾病将严重危及青少年的身心健康。世界卫生组织近年来对许多国家的调查研究证明，在全世界的人口中，每时每刻都有 33% 左右的人有这样或那样的心理问题。在我国，最新一次全国 4～16 岁少年儿童心理健康调查发现，儿童的心理和行为问题的发生率高达 13.9%。有关部门还对中、小学生做了一次抽样调查，结果发现，中学生中有 40% 左右的孩子有不同程度的心理障碍。这些数据表明，青少年成长过程中出现的心理疾病较成人更为严重。

我国正处在社会转型时期，社会变革必然冲击家庭、学校和社会的方方面面。而种种社会矛盾、人际关系的矛盾、成人社会的诸多心理冲突等，必然突出地从青少年的心理状态中反映出来。稚嫩的心灵承受着几代人给予的压力，社会变革中的断层和种种羁绊，束缚着孩子们的心灵和手脚，这一切不能不让人为之担忧。然而，只要我们及早加以重视和预防，现在开始努力也不迟，重要的是为人父母、为人师长者要切实了解我们的孩子，帮助他们走出心灵的"迷津"。

三、青少年主要心理问题

青少年面临的心理问题主要有 5 个，包括行为问题、情绪问题、学习障碍、人际关系问题和精神疾病。其中，行为问题占到 20%～30%，情绪问题占 20%。儿童青少年的情绪问题是以焦虑、恐惧、抑郁、强迫等症状为主要临床表现的一组疾病。如常见的学校恐惧症，几乎每个孩子在一定阶段都会出现这种恐惧反应。

所谓青少年行为问题，是指在严重程度和持续时间上都超过了相应年龄所允许的正常范围的异常行为。其广义上包括行为和情绪两个方面，行为问题如说谎、逃学、偷窃、攻击、不听管教、离家出走等，情绪障碍如焦虑、恐惧、抑郁和人际交往困难等。儿童行为问题不仅影响到他们的生长发育和社会化过程，还可能导致其成年时期发生适应不良、精神疾病和违法犯罪。研究发现，与儿童行为问题有关的主要危险因素依次为家庭矛盾冲突多、情感交流差、父母社会经济地位低、寄养或全托、儿童出生时（后）有疾病、有精神病家族史和母孕期疾病。

行为问题只是最轻的一类心理偏常，多发生在年龄较小的儿童身上。而更为严重的人格缺陷（比如自卑、冲动、敏感多疑、交往障碍、偏执等）、心理障碍（主要是学校适应障碍、考试综合征、神经衰弱等）以及心理疾病（如儿童多动症、抑郁症、癔症、精神分裂症等），往往是儿童与青少年多发的心理疾病。

上海市精神卫生中心的杜亚松教授强调：儿童青少年的心理问题须引起社会重视。他说，由精神卫生问题所带来的社会资源负担的压力越来越严重了，其中包括消耗医疗资源、不能实现完整的社会劳动力。杜亚松教授指出，目前在全球范围内，由精神卫生问题所带来的资源浪费仅次于心血管疾病，而排在了癌症、艾滋病等疾病之前。此外，儿童是明天的希望，他们的健康成长关系到社会的未来。问题的严峻使儿童青少年心理健康问题成为亟须解决的公共卫生问题。然而，长期以来，人们要么畏惧谈到心理问题，要么认为无所谓。此外，社会资源配置的不足也是一个瓶颈。相对于上海全市 60 万存在心理问题的儿童青少年，目前从事儿童精神科工作的医生却只有 10 来名，整个中国也还不到 100 名。因此问题的提出正有待于我们去正视、解决。

第三节 班主任心理辅导的优势

学生的心理辅导班主任与其他科任教师包括学校心理辅导班主任相比，有着天然的优势。

一、班主任更了解自己的学生

从自己当上班主任、新学生报到的那一刻起，班主任就几乎一直与学生在一起。正常情况小循环一带就是 3 年，而大循环更是一带就是 6 年。而人生又有多少个 3 年、6 年。班主任与学生朝夕相处，可以讲对学生的情况了如指掌，学生的一举一动都很难逃过班主任的法眼。在自己学科的教学中，为了使教学更有效果，班主任还要不时地考察学生，及时地根据实际情况调整自己的教学进度、教学方法。这也进一步加深对学生的了解。学生家长更是把班主任当作自己了解小孩情况的可靠信息来源。心理辅导本质是心灵的沟通，有了师生之间的相互了解，不仅有利于快速打开心扉，消除心理阻抗，而且有利于迅速找到心理问题。"知学情"是班主任开展好学生心理辅导的前提与基础。这也是班主任开展心理问题的最大优势。

二、班主任的德育功能的实现也要求发挥心理教育的作用

德育与心育最大的不同之处在于工作方式的不同。在各级教育工委的工作计划要点中，明确提出要以思想政治教育为基础，紧紧捉住心理健康教育这个重要环节，突出育人工作，构建和谐校园环境。教育行政

部门已经清醒地意识到德育与心育之间的关系，这使教师更加明确了今后的工作方向。班主任作为班级管理的第一责任人，肩负"教书、育人"的双重责任。大量的事实都证明，一切的教育手段都以人的心理为中介。优秀的班主任在长期的工作之中已经自觉地意识、运用到这一基本规律。"平时是班主任，上课是朋友"，就是这种认识的朴素表达。班主任们应将这一笔宝贵的工作财富用好、用足。

三、班主任与学生容易形成心理认同感

从现行的教育管理机制来看，班主任与学生是紧紧连在一起的整体，是利益的共同体。"班荣则我荣，班耻则我耻"已是大家的共识了；班主任自己也常常以班级第几人自居，以取得与班级的最大认同；在日常管理当中，学校也是将班主任的考评纳入班级常规评比之中。在这样的大背景下，师生之间就容易形成融洽的心理环境。这是班主任开展学生心理辅导的得力武器。

四、班主任具备相当的教育心理学基础知识

知识是我们力量的源泉。许多班主任都感叹自己没有扎实的心理学知识，感到书到用时方恨少。事实上，班主任不要忘记自己是学习过一些教育学心理学的基础知识的。在班主任专业化水平日渐受到重视的今天，必要的教育心理学基础知识也是一个教育工作者必备的基本素养。现在，班主任需要的是重新找出课本，给自己充充电，让沉淀已久的知识重新显现出新的生命力。有了一定的专业知识作为支撑，班主任的教育工作就不会显得苍白无力。

五、班主任本身比学生年长，知识与阅历相对学生丰富

班主任还应具备哪些素质呢？抛开专业知识不讲，丰富的人生阅历

就是一个重要的条件。一个优秀的班主任一定是一个经验丰富、处事干练、观察敏锐的人。班主任都是从学生时代走过来的，学生正经历的也是他们曾经经历过的。从这个角度来说，班主任理应是学生人生的指路人。在开班会的时候，班主任如果能适当地敞开心扉，讲一讲自己曾经的故事，不仅能拉近与学生的距离，而且对学生心理健康成长起一个很好的借鉴作用。

六、学生对班主任有依赖、信任感

在家里孩子对父母有依赖感，在学校里班主任在学生心中有较大的权威。古人说："亲其师，则信其道。"班主任在生活中乐于做学生的知心朋友，对学生真诚关怀，善解人意，尊重学生，就会得到学生的接纳和认同。学生对班主任往往会无条件地有一种依赖感和信任感，使得班主任在班级心理辅导教育中有天然的权威性和深厚的影响力。

七、班主任对学生开展心理辅导有更多的灵活性、多样性和针对性

针对学生和班级出现的心理问题，班主任可以结合各种活动对学生进行团体辅导。如在"五·四"青年节举行的"缅怀革命先烈"的活动中，组织学生学习革命先辈高尚情操和良好的价值观、人生观，帮助学生树立奋发向上、立志成才的观念和思想；在开展"优秀班干部评选"的活动中，进行"对待落选的心理调适"、"干部轮换与人际关系"的专题辅导，让学生干部积极参与，培养他们的竞争意识；从自我发现（认识自己、了解自己的长处和能力）、自我评价（相信自己、正确评价自己）、自我调控（克服困难、取长补短、保持良好心态）、自我发展（如何挖掘潜能、塑造良好个性）等方面，塑造学生健康的人格品质。

课堂是进行心理健康教育的主渠道。在课堂教学中通过训练、辅导、暗示、感染等方式提高学生的心理素质，解决学生的心理问题，促进学生的心理健康发展。在课堂教学中，我们的班主任努力从以下 6 个方面开展心理健康教育：1. 以学生为中心，重视学生的人格塑造，促进学生的心理健康发展。2. 以问题为中心，理论联系实际，帮助学生解决心理问题。3. 以活动为载体，加强心理训练，塑造学生良好的心理品质。4. 以激励为手段，对学生进行积极的心理暗示。5. 以方法为重点，帮助学生掌握提高自身心理素质的方法。6. 以模范为榜样，给学生以积极的心理感染。

八、班主任在任课老师与学生之间起着沟通、调节作用

在学校工作中，班主任是学校各项工作得以正常开展的最重要的力量。他们不仅是科学知识的传播者，更是塑造学生美好心灵的生力军。班主任在学生全面健康成长的过程中起着导师的作用，并负有协调各科任老师商讨本班的教育工作，互通情况，协调各种活动和课业负担的责任。班主任与任课老师建立良好的人际关系，能促进任课老师在工作中与班主任保持相互协调和配合的局面，形成任课老师和班主任的合力。

第四节　班主任心理辅导工作技巧

现代学校心理健康教育日渐强调全程性、全员性。班主任要看到自己在心理辅导中的优势，消除畏难情绪，勇敢地担任起学生的心理辅导工作。当然，班主任如果在学生心理辅导中掌握一些必要的心理咨询的技巧，将收到事半功倍的效果。

一、要有心理健康的意识

早在 20 世纪 50 年代，世界卫生组织就明确提出"健康"的定义为："健康是一种身体上、精神上和社会适应上的完好状态，而不是没有疾病及虚弱现象。"尽管现代人越来越重视生活质量，越来越讲求生命品质，全面的健康观念也越来越深入人心，但仍有许多人对心理健康不够重视，甚至还存在讳疾忌医的问题。正确的意识是正确行为的前提。班主任更是应该主动消除错误观念，树立完整的心理健康意识。事实上也有越来越多的人甚至是名人能勇敢地面对自己的心理疾病。

二、要克服角色冲突

心理学对"角色"的定义是指不同的角色所蕴含的行为规范与要求。班主任有自己的行为要求与角色定位。当要求一个人同时扮演好几种不同的角色，就不可避免会存在角色冲突，也就是所谓的行为规范矛盾。职业角色与生活角色却往往会出现冲突，"职业病"一词也由此而来。班主任与心理辅导老师角色定位还是有着本质的区别，容易造成角色冲突，班主任要充分意识到这个问题。对自我意识强烈、个性突出的学生，少一些指责命令，多一些沟通交流；少一些批评教育，多一些民主平等；少一些上纲、上线，多一点温情理解。很难想象一个让人生畏的班主任，是一个可以走进学生心灵的辅导老师。

三、要正确把握好与学生的心理距离

人与人是有一定的安全心理距离的。心理学家常常用人与人之间的身体距离来衡量心理的距离。班主任在学生的心目中往往是高高在上的。如果班上的学生看到你就远远地避开，那么就可以认为你与学生心理相距甚远。所以在与学生的交往中，要在适当的时间、用适当的方法缩小师生的距离，从而达到缩小心理的距离。

四、要注意倾听

心理咨询的基本技术之一就是要学会倾听。真正的心理辅导应该是以倾听为其基本特征的。良好的倾听是有力的社会支持系统的一环，而良好的社会支持系统是心理健康的客观保证。学生的心理困扰如果能得到社会系统的及时支持，那么心理问题就能得到解决。班主任在教育学生时，一定要注意避免不分青红皂白、只是强硬地向学生灌输道理的做法。当与学生的咨询关系建立起来以后，班主任要注重启发、引导学生说出自己的心里话。不要轻易打断其谈话内容，更不要动不动就进行是非评价。有时候学生仅仅需要一个倾诉的对象，不需要你给他提什么具体的建议。班主任所要做的就是安静倾听，让有问题的学生感受到你的理解支持。你所做的这些，都会对解决学生的问题有帮助。

五、要学会共情

共情即同感，又称"同理心"。它是指班主任要放下主观的态度和认识，设身处地去感受来访学生的内心体验，了解其所想所为的动机缘由，不要以自己为参照标准去评判当事人的是非得失。辅导是要让对方走出情绪的阴影，启发他学会自己思考分析问题，寻找自我解脱的良策。这也是我们平时讲的心理换位。使用"同感"，即"自他相换"，"用对方的眼睛看世界"。这有利于学生表达出更真实的内在感受，有利于发现学生更内在、更全面的矛盾。班主任的"同感"，会使学生对班主任产生"自己人"、"朋友"的感觉。很多时候，凭着建立良好的"同感"基础，不少心理问题能得到较好的解决。

六、要接纳学生

无条件地接受你的学生。要具备有教无类的思想，要始终相信自己的学生都是可教育好的，要相信学生都是有发展的潜能与空间，要对教育充满无限的信心与希望。使用接纳技巧，其目的在于使来访学生感到双方谈话无所顾忌，因而愿意敞开心扉说出心底里的话。

七、要学会自我心理调节与平衡

班主任也是一个普通的教育工作者，也有七情六欲。当我们把目光投向学生的心理健康问题时，班主任的心理健康也应该受到格外重视。关于班主任助人自助的这一行为，应该有两层含义：一是心理疏导最终的目的是要帮助学生达到自我完善、自我成长；二是班主任在帮助他人的过程中，自己的心理健康也应该得到维护，自己的心理方面的经验也应该得到成长，自己的生活品质也应该得到保障。

当班主任在解决学生的心理问题之后，接受的大多是负面的信息。这些负面的信息也会在不知不觉中威胁着班主任的心理健康。所以班主任学会自我摆脱心理烦恼与心理平衡，就显得特别的重要。建议班主任在自己咨询工作结束之后，要从事一些简单易行的活动，如欣赏音乐、参加文体活动、写咨询笔记等，让负面情绪心理充分宣泄释放出来，而后才迈着轻松的步伐回家或投入新的工作之中。

此外，班主任还要有意识地进一步学习心理咨询的专业知识；有条件的要适当开展一些团体心理活动课，让学生在活动中体验探索，在活动中快乐成长；要切实注意保密原则；不要认为自己的心理辅导可以解决一切问题，对自己没有把握的心理问题一定做到及时转介等。

第五节　班主任需具备的心理素质

班主任具备了良好的心理素质，可以更好地了解自己，解剖自己的心理特征，扬长避短，自觉培养和发展优秀班主任的心理品质，使工作做得更有成效。

班主任的工作实践是极其复杂的活动过程，尤其因为承担的职责形成了特有的心理特征。只有心理素质优化的班主任，才能出色地完成所肩负的重任。班主任应具备哪些心理素质呢？

一、明确的班主任意识

教育意识是指人们对教育的看法、想法和态度，也可以说是在头脑中形成的教育思想。班主任的教育意识是对班主任工作的认识、理想和信念。它在班主任心理品质优化过程中起着十分重要的作用。

心理学告诉我们，人们的情感是人的行动的内部动力，而情感是在认识的基础上产生的，"知之深，爱之切，行之坚"。班主任只有深刻理解班主任在培养人中的地位和作用，才能热爱自己所从事的工作，并且进而转化为积极行动，自觉而热情地忘我工作。

二、高度的责任感

责任感是指班主任认识到自己所肩负的历史使命和应该完成的任务时所产生的一种情感。按照时代需要，培养学生成才，这是时代赋予班主任的使命和义不容辞的责任。班主任只有当具有这种深厚的情感时，才能不遗余力、一往无前地献身于自己所从事的工作。

三、热爱学生

爱生感是指班主任热爱学生、关心学生和期望学生成才的一种崇高的情感。高尔基曾经说过："只有热爱孩子的人，他才可以教育孩子。"班主任对学生的热爱和期望是无形的教育手段和教育力量，也是班主任感情生活的主要支柱，是工作动力的源泉之一。热爱教育事业必然热爱学生，只有热爱学生才能积极主动地去教育学生。反过来，班主任看到了自己努力教育学生的成果——学生才华的发展、高尚品德的形成、鲜明性格的成长、纯真感情的流露等这些爱的效应，也使班主任内心产生了快慰和激励，更加增进了班主任对学生的热爱。师生情感的双向交流和反馈，相互的感染强化，形成了巨大的内动力，从而推动师生向共同的目标奋进。

班主任除应具有深厚的感情外，在情感世界中还应该以乐观向上的情绪、昂扬振奋的精神去影响、感染、激励学生努力奋进；以轻松的心境、愉快的生活节奏去塑造学生美好的心灵。

四、观察细微，善于了解学生

班主任应具有锐敏而准确的观察力，从学生的细微表现中了解学生的知识智力水平和个性发展特征，以便在教育和教学中采取不同措施，才能取得良好效果。

观察了解、分析判断，这是班主任工作必备的基本功，也是解决一切问题的前提和基础。

在思想品德教学中，具有良好的观察力，能善于对学生作出心理分析，能发现学生思想、情感、意志、兴趣、性格以及行为等方面存在的各种潜在因素，就能及时地引导学生扬长避短，防微杜渐，争取工作的主动。

五、思维灵活，注重客观分析

班主任的工作对象是具有复杂心理活动的青少年及儿童，并且各具特点。即使同一个学生在不同的地点、时间和年龄，其身心状态也是千差万别的。因此，班主任所遇到的情况，并非千篇一律、一成不变的。这就需要班主任必须具有客观、全面、深刻、独创和灵活等思维品质，其中思维的灵活性、全面性和深刻性对于班主任有着特别重要而明显的作用。反之，班主任的思维是表面的、肤浅的、狭隘的、呆滞的、紊乱的，甚至是主观的、片面的，在这种情况下要想准确而迅速地了解、判断和处理所发生的种种问题，则是绝对办不到的。

除此之外，持久而精确的记忆、丰富而有预见的想象、稳定灵活而范围较广的注意力等，也是班主任应具备的重要心理素质。

上述五点是互相紧密联系的，其中明确的教育意识和深厚的教育情感则是班主任应具备的最基本的心理品质。班主任明确教育的地位、作用，并能热爱学生，期望他们成材，才能在教育过程中表现出意志行为的一贯性、坚持性和自觉性，才能对学生的知识、个性特点和智力发展状况有全面的了解与掌握，并善于捕捉新信息，不失时机地、适度地进行教育。这些都是班主任心理素质优化的重要标志。

第二章
班主任心理辅导的原则

第一节 平等地与学生做朋友

有一位老师在教学反思中，提到下面的案例。

钱涛上课回答问题特别积极，但是纪律却很松散，坐在椅子上想说就说，不时还与周围同学发生争执，严重影响了课堂秩序。下课我找他谈话，抓住他积极发言的闪光点，告诉他动脑想问题是对的，但要举手，不能想说就说，必须经过班主任同意才能说，如果大家都这样，你一言我一语，那班主任谁的也听不清。你很聪明，有些问题一听就明白，会了固然好，可不能打扰别的同学听课，再往深处想想或看看自己还有没有不懂的问题。他点了点头，答应以后上课按要求做，保证不再违反纪律。没过两天他就开始反复了。我想这是正常现象，形成习惯不是一朝一夕就行了的。放学后我又一次与他谈心，我把他叫到跟前，拍着他的肩膀问他想不想当生活委员，原来他早就盼望能做一名班干部。我抓住这一契机与他来了一个君子口头协定："只要你纪律上不出问题，班主任就让你当班级的生活委员。"当时他可高兴了，还不停地问："老师是真的吗？""只要你在纪律上得到同学们的认可！"正因为抓住了他的心理，展开朋友式的谈心，帮其找到了努力的方向，使他在纪律上有了明显进步，而且生活委员当得非常称职，学期末还被评为了班中的优秀班干部。

钱涛取得了明显的进步，受到了班主任和同学们的一致好评，同时为其他同学作出了榜样，班级的纪律有了明显的好转。通过对钱涛的教育，我体会到每个学生都有一定的封闭性和开放性，他们的心扉总是对大多数人关闭，只对少数挚友开放。他们都渴求有真诚的友谊，这就要求班主任在与学生交往的过程中，用真诚与理解去温暖学生的心，要努力去做学生所信赖的挚友，这样学生才会对你敞开心扉。班主任和学生只有成为了朋友，才会共同努力去搞好班级。

一、尊重学生

尊重，就是要尊重每个学生的人格与尊严，尊重每个学生平等的地位和发展的权利。班主任务必做到以下几点：

要以平等的态度对待学生，而不要居高临下，以教育者自居；要严格杜绝对学生任何形式的不尊重，如轻蔑、讽刺、训斥、羞辱等，学会以朋友的身份与学生沟通。

要无条件地关怀和接纳学生，不论学生有何种表现，都要把他们看作是需要帮助的对象，要深入了解他们的处境，体会他们的感受。在此基础上，才可能为他们提供有效的帮助。

要尊重学生做选择的权利，因为每个人都有决定自己行为方式的权利，同时也有为自己的行为负责的义务。所以辅导员的职责只是为学生提供有参考价值的信息和建议，而不应该代替他们做决定。

二、赏识学生

赏识教育，其实就是班主任不断给学生暗示：他是一个优秀的学生，由于他经常受到这种暗示，学生就会对自己逐步有了信心。即便是比较好的班级，但也有许多的学生成绩并不好，而且对自己没有信心，特别是他们对理科学习没有信心。对这样的学生，赏识教育的魅力就出来了。

三、从学生角度思考

如果班主任有耐心经常站在学生的立场去考虑，那么很多事情就会

23

顺利解决，否则欲速则不达。只有设身处地体察学生的思想感情，努力克服"自我中心"的倾向，常把自己放在学生的位置去思考、体验，不断调整自己的教育内容和方法，这样学生才会信赖你，向你敞开心扉，班主任也才能走进学生的心灵，真正成为学生的良师益友！

四、与学生沟通

要培养朋友式的师生关系，除了要有渊博的知识外，班主任应采用多种方式与学生交流。课上你的眼神、手势，甚至一个微笑都能让学生感觉到你在与他们交流，但是这样是不够的。

此外，作为一名班主任，保持乐观开朗、情绪稳定也非常重要，这样才会使学生敢于接近你，乐于接近你。

第二节　针对学生的心理差异

历来的教育家都很重视研究学生心理的个别差异。孔子要求对每个学生的差异进行详细的观察："视其所以，观其所由，察其所安"，"退而省其私"等。他认为弟子高柴质地愚直，曾参天性迟钝，子张少诚实，子路性粗暴，就针对他们的特点进行教育。他对子路的过于轻率，就用抑制的方法以退之；对冉有的过于畏缩，就用鼓励的方法以进之。孔子在自己的教育实践中注意到学生的个别差异和教育的关系，这不能不说是教育学上的一大进步。

班主任要关注和重视学生的个别差异，根据不同学生的不同需要，开展形式多样的、针对性强的心理辅导活动，以提高学生的心理健康水平。人是有差异的，青少年学生也不例外，他们具有自己的个性特点，拥有不同的社会背景、家庭环境、生活经验和价值观念。学校心理辅导不是要消除这些特点与差异，相反是要使学生的差异性、独特性最合适而完美地展示出来，也可以说，这是学生心理辅导的精髓所在。强调差异性，也就是要求心理辅导同学校教育教学工作一样，因材施教，有的放矢，重视个别差异，根据学生心理发展特点和身心发展规律，有针对性地实施教育，使每个学生的心理健康水平得以提高，最终实现全体学生心理素质的提高。

贯彻差异性原则，首先是要了解学生的个别差异，如年龄差异、性别差异、学习差异、思想差异和心理差异等；其次是区别对待不同学生，灵活采用不同方法、手段和技术，要充分考虑学生的年龄特征和个性特征等，针对不同学生以运用不同的心理辅导原理和方法；再次是认真做好个案研究，积累资料，总结提炼，增强个别教育的实效。

一个班集体中有几十名学生，每个学生都有自己的个性特点。根据不同层次的划分，他们中间有优秀生、中等生和差生，要使每个学生都能健康地成长，不断扩大先进面，缩小以至消除后进面。班主任要在开展集体教育活动的同时，做好个别学生教育工作，把集体教育与个别教育结合起来，这样才能取得良好的效果。

一、根据不同学生的特点做好个别教育工作

每个班集体中都有一些表现突出的、比较特殊的学生。他们在某些方面的表现与众不同，有的特别有才能、上进心特别强，有的品德较差，有的顽皮好动、学习吃力、成绩特别差，有的胆小怕事、性格孤僻、沉默寡言，有的组织能力、实干精神、知识的学习等某些方面特别突出。班主任在教育教学工作中，根据不同学生的特点进行教育、指导，组织他们积极参加集体活动，在集体活动中扬长避短，全面发展。

二、做好优秀生和中等生的工作

优秀生通常都能得到班主任和任课老师的青睐。首先，班主任在表达自己对优秀生的欣赏时，要一分为二地看待此问题：既能看到他们的优点和长处，又能看到他们的缺点、弱点和不足。其次，对待优秀生，班主任的要求应该更严格。如优秀生的优点、长处较多，作为班主任往往比较喜欢他们，但是不能偏爱更不能护短，而应该对他们严格要求，全面分析。严格要求的目的是帮助他们发扬优点、克服缺点，充分发挥他们的才能、智慧和特长。再次，班主任要教育优秀生正确看待自己和他人。班主任要帮助他们学会用一分为二的观点评价、分析、反省自己，看待他人，善于发现和虚心学习别人的优点和长处。

班主任不但要关注优秀生的全面发展，而且要热情关怀处于中间状态的学生。中等生的发展比较均衡，优缺点都不太突出，往往不能引起老师们的关注，因而常常处于被遗忘的角落，成为被遗忘的对象。

班主任要时刻关注中等生，对他们抓紧教育。如果抓了两头，忘了中间，就有扩大后进生队伍的危险。班主任要多帮助中等生，帮他们分析学习处于中等的原因。但是也不用做得太多，因为一个班的学生存在好、中、差是正常的，只有他们自身的成长才是最重要的。

三、做好后进生的教育转化工作

在一个班里，后进生的人数一般并不多，但其能量和不良影响及作用都很大，甚至有很强的破坏性，影响面广，是班级的消极因素。如不抓紧教育，任其发展，不仅影响班集体的荣誉，而且他们很容易走上歧途，成为害群之马。但是如果抓紧教育，教育得法，则可能是"浪子回头金不换"。

第三节 为学生保密心理问题

保密性原则是指学生心理辅导的过程中，班主任有责任对学生的个人情况以及谈话内容等予以保密，学生的名誉和隐私权应受到道义上的维护和法律上的保障。保密性原则是学生心理辅导的极其重要的原则，是鼓励学生畅所欲言和建立相互信任的心理基础，同时也是对学生人格及隐私权的最大尊重。

在心理辅导过程中，尤其是个别辅导过程中，学生会向班主任泄露很多个人的秘密、隐私、缺陷，以及由此而产生的心理和行为的困扰、矛盾、冲突等。班主任有责任、有义务对所有这些信息保密，不能够凭借自己的主观意愿随意告知别人关于该学生的问题，应尊重被辅导学生的合理要求等，这些都是保密的范围。做到这些是班主任的职责所在，是班主任个人的职业操守。一旦让学生得知有泄露秘密的事情，班主任的声望全无，而且本身这种行为就是对班主任工作的亵渎。

那么，班主任具体要做到哪些工作呢？

一、辅导过程资料保密

未经学生本人允许，班主任无权录音、录像；被辅导学生的所有资料和信息绝不应作为社交闲谈的话题；班主任所作的个案记录，不能视为公开的记录随便让人查阅。

二、保密并不是绝对的

在一般情况下，班主任理应对学生的心理辅导过程保密。但是也存在一些特殊的情况，例如在学生的心理问题变得很严重时，也就是班主任难以控制的时候，班主任应及时寻求专业人士的帮助，并且及时告知学生家长。

第四节 与学生家长密切配合

从大教育观的角度看，学校心理健康教育体系的健全与完善，离不开家庭教育的配合与支持。这是因为，家庭教育自身所具有的某些特点与优势，是学校教育所不具备的，双方只有紧密协作，相互配合，才能形成合力，收到相得益彰的效果。为此，班主任应主动与学生的家长建立和保持密切的联系，争取家长的配合与支持。

班主任可以采取以下方式进行家校联合：

一、普及家长的教育知识

通过定期举办心理健康教育知识讲座或推荐有关的科普读物，班主任向家长介绍有关心理卫生和学校心理健康教育的基本知识，让家长了解什么是心理健康，心理健康对孩子健康成长的重要意义，心理健康的标准，孩子心理不健康的表现及原因，维护和提高孩子心理健康水平的有效途径、方法与原则要求。一方面，要提高家长对维护孩子心理健康重要意义的认识，增强维护孩子心理健康的自觉性；另一方面，也要帮助家长改进教育方法，提高教育水平，减少因家长教育观念上的错误和教育方法上的失误，以免增加孩子心理压力，导致心理创伤的可能。

二、开展家长会

通过家长会，班主任应向家长介绍学校在开展心理健康教育方面的部署和所采取的实际措施，使家长全面了解学校的安排和要求，知道学校方面能够为孩子提供哪些指导和帮助，便于家长指导孩子充分利用学校所能提供的条件，取得及时有效的帮助。此外，班主任还应结合学生在心理发展上存在的不适应现象，针对家长在家庭教育中存在的一些带有普遍性的问题，对家长进行指导，就如何改善家庭环境与气氛、更多地关心孩子的精神生活、主动和学校保持联系等问题，向家长提出具体的建议和要求。

三、保持紧密联系

班主任应通过家长会、家访、通信、联系册等方式，同家长保持经常性的联系，随时了解学生在家庭中的表现，一旦发现学生有情绪上的不稳定或行为上的异常举止，可以及时了解情况，提供必要的指导和帮助。班主任如果发现问题比较严重，超出了自己所能承担的职责范畴，则应立即与学校心理咨询室或专门的心理咨询机构联系，采取措施，进行干预。

第五节　以预防问题为主

班主任在处理学生心理问题时，可以遵循"预防为先、处理在后"的原则。

在学生的心理成熟过程中，难免会出现一些问题，只要是在正常范围内的，班主任都应该悉心帮助学生去梳理和解决这些心理问题。但是，如果班主任能在学生心理问题出现之前就做到未雨绸缪，那么就可以防微杜渐，避免花费大量精力在学生问题上，也避免心理问题给学生带来的烦恼，何乐而不为？

那么，做好学生心理问题的预防工作，班主任应力争做到以下几点：

一、掌握大量的知识与资料

通过向书本学习，通过深入学生，深入学生家庭充分了解学生的整体心理特征及学生的个体心理特征，包括学生的家庭情况、社会情况，学生的思想、性格、年龄心理特征等各方面情况，这是班主任能有效处理各种学生问题的依据和出发点。

二、预见不良因素

充分了解家庭、学校、社会中容易对学生产生不良影响，诱发学生思想行为出现偏差乃至于严重偏差的种种不良因素，这是班主任对学生进行预防性教育活动的必要前提。如曾经一段时间非常流行的《还珠格格》、《流星花园》等影视作品，流行势头有增无减的上网及网络游戏（主要指其中的暴力、色情等不健康内容）都曾经或正在对中小学生产生巨大的不良影响。在这些因素对学生产生不良影响之前，班主任就应该先见性地引起警觉和重视。

三、多种辅导方式相结合

在较好把握前两步的基础上，充分利用有效的道理、案例（如理想、前途等）以及故事等，通过主题班会、课外活动、个别交谈、家访等有效形式进行预见性的教育，给学生"打预防针"，从而有效地、最大限度地减少学生思想行为上的偏差，充分体现"预防为先、处理在后"的原则。

第三章

成长中的学生心理变化

第一节　懵懂世界——初入校儿童

该阶段是儿童刚刚进入学校进行学习教育的阶段，开始知道行为的后果对自己的影响。这时，儿童已经学会开始根据自己的需要来判断事物了，他们认为满足自己需要的行为就是正确的，否则就是不正确的。他们的行为遵循着快乐原则。针对儿童的这一心理特点，应当利用强化物或强化物的收回来控制儿童的行为。强化是行为主义提出的一种矫正行为的技术，深受教育工作者的喜爱。

有经验的小学一年级班主任把儿童初入学时在课堂中可能产生的各种表现（如坐不住、下位子、说话、注意力不易集中且不持久等）理解为这一时期的特征，并且善于根据这种客观存在的特征而采取正确的措施。但是一个没有经验的班主任，则往往因此引起厌烦、急躁的情绪，以致把事情越弄越糟。在教学观察中可以发现：虽然同是小学时期的儿童，低年级和高年级也是不一样的。低年级儿童还跟学前儿童有某些共同之处，思维带有很大的具体性，没有建立起抽象思维，因而老师需在一堂课中往往运用着不同的作业形式，更多地注意直观性。

一、身体发展

身体的发展是儿童心理发展的物质基础，小学生身体的健康发展为他们从事学校学习活动提供了保证，而大脑及高级神经系统的发育更是他们心理发展的前提和重要的物质基础。小学生身体发展在人的一生发展中处于一个相对平稳的状态。他们的身高平均每年增长 4~5 厘米，体重平均每年增长 2~2.5 千克。同幼儿相比，骨骼更加坚固，但由于骨骼中所含的石灰质较少，所以比较容易变形、脱臼。小学生身体的肌肉组织虽有所发展，但不够强壮，缺乏耐力，容易疲劳，不宜长时间从事过于激烈的体育活动。

二、认知发展

小学生的知觉已经逐渐完善，他们的方位知觉、空间知觉和时间知觉在教育的影响下不断发展，观察事物更加细致有序。

小学生的记忆能力也迅速发展，从以机械识记为主逐渐发展到以意义识记为主，从以具体形象识记为主到词的抽象记忆能力逐渐增长，从不会使用记忆策略到主动运用策略帮助自己识记。

小学生的言语也有很大发展，能够比较熟练地掌握和运用口头言语，在教育的影响下，逐渐掌握了书面语言，学会了写字、阅读和写作。

小学生思维的基本特征是以具体形象思维为主要形式过渡为以抽象逻辑思维为主要形式。小学低年级儿童形象思维所占的成分较多，而高年级儿童抽象思维的成分较多。

总之，在系统的学校教育影响下，小学生的认知水平得到了很大发展。

三、社会性发展

儿童入学以后，社会关系发生了重要变化，与班主任和同学在一起的时间越来越长，在与班主任和同学的相处中，儿童学习与人相处、与人合作及竞争的一些基本技能技巧。师生关系及同伴关系对儿童的学校适应有重要影响。这种关系的质量既影响到儿童对学习的兴趣，对班级、学校的归属感，也影响到学生情绪、情感的发展。小学阶段也是个体自我概念逐渐形成的一个重要时期，儿童学业、社会技能、来自班主任及同伴的社会支持对其形成自信或自卑的个性品质有很大的影响。

　　小学生的道德认识能力也逐渐发展起来，从只注意行为的后果，逐步过渡到比较全面地考虑行为的动机和结果。由于认知能力的发展特别是观点采择能力的发展，儿童越来越能从他人角度看问题，道德情感体验日益深刻。

第二节　花季雨季——青春期学生教育

　　随着青少年生理上的性成熟，他们在心理上也产生了微妙的变化，男女青少年之间开始有了对异性的神秘感和对性的好奇心。有的还会因对自己身体、生理上的突变心理准备不足产生羞怯、紧张、焦虑等情绪。

　　长期以来，性教育、性心理辅导在我们许多学校是"禁区"，无人问津。然而，随着现代社会的开放，大众传媒特别是互联网的出现，各种各样的信息扑面而来。学校、家庭正面的性教育还没有开展，而社会上的负面影响却在时时刻刻影响着我们的学生。因此，学校、家庭开展性教育、开展性心理辅导刻不容缓。

一、异性交往

　　进入青春期的中学生，随着性生理发育、性心理发展、性意识萌动，他们对异性充满了好奇心和神秘感。他们对异性产生爱慕之情，愿意互相接近。少男少女之间会产生"一见钟情"的爱，这种两性间以自然吸引为基础而产生的情感，是性爱心理发展的原始阶段，是一种朦胧的对异性的眷恋和向往。班主任要了解青春期学生的这一特点，帮助和引导学生学会正确的异性交往。在健康的群体交往中，满足少男少女的心理需求，释放青春的能量，平稳躁动的心灵，获得与异性相处的积极经验。

二、自我认识

比起童年期，青春期的学生更加关注自己的形象。罗马尼亚有首民歌叫《照镜子》，就是唱一位花季少女在镜子里欣赏自己美丽时的心情。有不少学生常常因为对自己的形象不满意而产生烦恼。例如，脸上长了青春痘，女孩胖了点儿、男孩矮了点儿等，都会使学生觉得比别的同学矮了半截。

研究发现，因为青少年过度关注自身外貌，因而对自身影响极大，包括自尊、社会交往、情绪以及学习积极性等方面均会产生消极的影响。

按照美国心理学家詹姆斯的观点，"整体自我"概念包括身体自我、社会自我、心理自我和纯自我概念等四个方面。对自我总体价值的情感的评价就形成了个体的自尊，即自尊是个体的整体自我价值感。高自尊的个体对现实的自我持肯定的正面评价，自信，较满意自己，对自我的情感体验是积极的。而低自尊的个体则相反，对自己持负面的消极评价，对自我的接纳程度低，对自我的情感体验是负面的。有研究认为，这方面问题与个体的心理因素有关，特别是与个体的自信等相关。

另有专家发现，随着年龄的增长，青少年外貌与整体自我价值感相关的内容呈现减少的趋势，如初中生形体烦恼、性别烦恼、性器官烦恼、容貌烦恼四个方面与自尊均呈显著负相关，高中生在形体烦恼、性别烦恼、容貌烦恼三个方面与自尊呈显著负相关，而大学生只在性别烦恼、容貌烦恼两个方面与自尊呈显著负相关。这说明身体自我虽然在整体自我概念中是一个重要的基础部分，但从初中、高中到大学，随着青少年年级的升高，身体自我在整体自我概念中所起的作用在减小。分析原因，可能是初中阶段是大部分学生进入青春期的时候，身体的变化是最为明显的特征。因此，对初中生来说，对自身体像的满意程度对其整体自我价值感的影响较大，而随着学生年龄的增大，身体越来越趋于成熟，尤其到了大学，几乎所有学生的身体已成形，对身体自我的关注度在下降，而对自己在群体中的地位、角色以及与他人的关系的社会自我和自己的智力、情绪、性格、气质、兴趣爱好、价值观、人生观等的心理自我的关注度在上升。因而，青少年学生外貌的烦恼对其自尊的影响会随着年级的升高而减小。

有些学生会因为对自己的外貌不如同学，产生了自卑心理，然后导致不能与别人尤其是异性从容、自信地交往，他们常常表现为不主动与他人交往，甚至处处回避与他人交往，有时在不得不与人交往时内心会产生苦恼和焦虑，由于不能适应与他人共处的环境，因而容易造成社会适应不良。

有此类烦恼的学生平时较多体验到的是消极情绪，他们觉得生活不快乐，整日里茶不思、饭不想，郁郁寡欢。专家对青少年体像烦恼与情感平衡性的相关研究发现，青少年体像烦恼与其负性情感之间呈显著正相关，而与正性情感之间的相关不显著。这说明体像烦恼主要与负性情感有着较为密切的关系。他们将学生的情感平衡性得分进行比较，发现有形体烦恼、性别烦恼、性器官烦恼、容貌烦恼的青少年，其负性情感分值均极显著地高于无体像烦恼者，这说明有各类体像烦恼的学生会较多地表现出负性情感。

有体像烦恼的学生由于平时将时间和精力过多地花在刻意追求模特般的身材和影星般的容貌上，因而不仅会占据许多本来可以用于学习的时间，而且会导致学习兴趣下降、学习成绩下降。有专家研究发现，有体像烦恼的学生的学习积极性得分极其显著地低于无烦恼者。具体而言，容貌烦恼者的学习积极性得分值最低，与无烦恼者学习积极性的差异也最为显著；其余依次为性器官烦恼和形体烦恼。因此，容貌烦恼、性器官烦恼、形体烦恼是对青少年学习积极性产生消极影响的主要体像来源。

对这一类学生的辅导建议：

1. 帮助学生树立正确的审美观

有关研究表明，青少年学生对自身形体、性器官、容貌等都存在一定比率的关注度，且有体像烦恼者对体像的关注度要显著地高于无体像烦恼者。对自身体像适度关注是必要的，但是青少年如果对自身体像过度关注且即将或已经对自身的自尊、社会交往、情绪情感、学习积极性等方面产生消极影响，就不得不引起教育工作者的高度重视。对学生此方面的心理辅导应该包括：引导青少年学生树立正确的审美观、正确认识青春期自我体像、接纳自我体像以消除体像烦恼等内容。

2. 对男生、女生分别辅导

尽管研究发现，有体像烦恼的女性比率极其显著地高于男性，但青少年学生的各类体像烦恼对心理的影响却存在着性别特点。从形体烦恼、性别烦恼角度讲，女性青少年的形体烦恼比男性青少年明显、普遍。具体表现为，无论是采用过减肥措施的人数比率，还是实际的形体烦恼，均是女性青少年的发生率高于男性青少年。另外，在性别烦恼方面，也是女性青少年较男性青少年明显。这提醒我们在开展体像教育时，针对女性青少年，主要内容应该突出对她们进行形体及性别正确认识、接纳方面的教育。从性器官烦恼这一角度讲，男性青少年有性器官烦恼的发生率高于女性青少年，且随着年级的增高，男性对自身性器官的不满意率在增大。尽管导致这一现象的原因目前尚不清楚，但有一点是可以肯定的，教育男性青少年正确认识并接纳自己的性器官是体像教育的一项重要内容。同时我们还研究发现，有体像烦恼的男性青少年自尊的得分显著地低于女性，说明体像烦恼对男性自尊的影响也比女性更大。因此，体像教育应对男性青少年体像烦恼对其整体自我价值感的负面影响应作重点的、有针对性的辅导。

三、性成熟

青春期是性的身心成熟与发展的关键期，自然成为性教育的关键期。从人生教育的高度来审视与实施青春期教育的时候，仍然可以看到性教育在其中举足轻重的地位。

首先，由于自我意识的觉醒，中学生对自己身上发生的各种变化开始产生从未有过的关注。性成熟带来的身体变化必然引起他们高度的注意：一方面，性成熟使他们产生强烈的探究意识，渴望了解有关性的各种知识；另一方面，受到中学生强烈的成人期待和社会文化的双重影响，性成熟会激起他们复杂的内心体验。虽然目前中学在有关课程中普遍加入了青春期生理卫生知识，但不能满足青少年对这方面知识的探求欲望，即使这些国家规定要教给学生的生理卫生知识，在许多学校中也未能正常进行教学；而大量研究表明，青少年需了解的有关性发育的知识，许多是要从父母那里获得的。同时，我国传统文化对许多与性有关的问题存在不科学甚至不健康的观念，如女子月经被看作是肮脏的、晦气的、倒霉的事情，男子遗精被看作有伤元气，还有对性早熟或晚熟的不正确看法等。还有一个问题是，当前各种有关性问题的书籍、资料充斥社会，其中不乏合法出版的科学性书籍，但其中有不同年龄、生活阶段和职业的适应性问题；而更多的非法出版物，则大有宣扬伪科学、封建迷信甚至诲淫诲盗。在这种情况下，加强青春期性教育是学校和班主任应该高度重视的事情。

其次，人的性成熟与发展不仅是性生理的成熟，更是一种人格上的发展。因为人的性成熟与发展不像性生理那样是一个自然成熟的过程，而是遵循人的社会化规律的人生发展过程，所以，青春期的性成熟与发展更重要的在于性心理、性道德、性行为的成熟与发展。性教育也应侧重在这个方面，这是人格教育的一个重要组成部分。正是在此意义上，我们说性教育也是一种人生教育。这就需要把性教育和整个青春期教育结合起来，从独立的健全人格的培养出发，进行性教育。

班主任需要清楚两点：第一，性教育不仅是性知识教育，更重要的是孩子的性心理、性道德和性行为的教育与指导，这是前面已经不断强调了的；第二，性成熟与发展是中学生人生发展的重要任务，对孩子进行性教育十分必要而且迫切。那种认为中学生只需要关心学习、性教育会使他们分心，或者担心性教育会给孩子带来不利影响的看法是存在着偏差的。事实上，中学生在不断地从社会、从他人，也从家长、从自己接受着性教育，家长和老师若能理性地审视孩子的性发展和家庭及社会带给孩子的性影响，科学地对孩子进行性教育就更为重要了。总之，家长和老师谁也回避不了性教育问题，一些家长和老师在孩子的性成熟与发展上的有意识回避或阻止，本身就是在进行着一种特殊意义的性教育，一种并不利于孩子发展的性教育。

另一个要澄清的问题是，把性教育界定在纯粹的性的范围内，仅从解决性问题出发，忽视性教育的人生意义，忽视性教育中促进人格发展的任务，这是一种狭隘的、有偏差的性教育。青春期性教育是和完整意义上的青春期教育紧密联系在一起的。

第三节　渴望独立——成长后期学生的特点

青少年期是个体从不成熟走向成熟的过渡时期。处于这个时期的个体生理成熟水平显著提高的同时，其心理发展的特点特别是在智力发展、情感和意志表现、个性及言语表现上，都有其独特的发展特征。归纳起来有以下几点：

一、认知能力发展

由于青少年时期学习内容、学习方法和教学活动向学习者所提的要求有了质的变化，加上活动范围的扩大，使得个体的认知能力和言语都有了新的发展。主要表现在：

1. 高度发展的概括化观察力

概括化是观察力向成熟发展的重要标志。儿童由于抽象思维能力差，所以其观察能力虽然是敏锐的，但缺乏概括性，观察得不够深刻、不够全面。青少年则不同，他们可以利用日益发达的抽象思维能力组织、调节和指导观察活动，以提高观察的概括性。

2. 获得成熟的记忆力

与儿童期相比，青少年的记忆力达到一个空前成熟阶段。意义识记代替机械识记而成为识记的主要手段；识记的目的性增强，开始有意识地去记忆，进入了记忆最佳时期。

3. 形成理论型的抽象思维能力

从思维类型上看，少年学生的抽象逻辑思维主要是经验型的，在一定程度上仍需具体形象的支持，理论思维发展得不是很好。到了 17、18 岁之后，其抽象逻辑思维由经验型水平急剧向理论型水平转化，理论型的抽象逻辑思维成为一种成熟的思维形式，并导致辩证思维的发展，使青少年有可能形成极其活跃的创造性思维。

二、个性的成熟

从少年到青年，个性逐步形成。少年期是个性形成的重要时期，可塑性大，稳定性低。

进入青年期，青年的个性虽然还有受内外因素的影响而发展变化的可能，但已相对稳定。主要标志是：

1. 自我意识趋于成熟

随着知识的积累、智力的发展以及独立安排生活道路这一客观要求的逼近，青年的自我意识日渐成熟。他们倾心于认识自己的身心发展及其社会价值；独立地评价自己和别人，并逐渐克服评价的片面性，力求全面分析；初步形成稳定的性格特征；能较好地进行自我教育。

2. 世界观初步形成

世界观的形成是一个人个性意识倾向性成熟的主要标志。世界观萌芽于少年期，初步成型于青年初期（此时尚不太稳定），到青年中后期进一步成熟。青年对世界全面而深刻的认识，学校的思想政治教育和社会政治活动以及青年中后期生活道路给青年的锤炼，是青年期世界观形成的基础。青年世界观的成型表现在他们对自然、社会、人生和恋爱都有了比较稳定而系统的看法。

3. 兴趣、性格趋于稳定，能力提高

兴趣是个性倾向性的一个重要方面。青少年的兴趣是广泛而多样，逐步稳定，持久性提高，日益深刻。性格和能力都是最能表现个性差异的心理特征。性格在青年初期基本定型，此后的改变十分细小。能力有各种类型，不同类型能力发展的速度不尽相同，但观察力、记忆力、思维能力、注意力等一般能力都要到青少年期才能趋于成熟，并在青年后期都达到高峰。

4. 道德意识和道德行为水平提高

青少年开始进入自觉的道德水平阶段，形成信念，知道自己行动的原则。这一方面表现在道德意识在道德行为中的作用日益加强，所掌握的道德准则范围广、质量高。另一方面表现在道德情感中的直觉式情感逐渐减少，伦理道德式的情感体验开始占优势。此外，道德理想更为现实，知行脱节的现象也日趋减少。

三、情绪、情感特征

青少年的情绪和情感已趋向成熟和稳定，但与成人相比，又显得动

荡不稳。其主要特征有：

1. 情绪容易激动

青少年办事积极、富于热情，伤感易被激发，行动迅速，表现为奔放、果断。但由于生理和自我意识上的急剧变化，有时青年的情绪、情感容易过于激动。

2. 情感的内容越发丰富、深刻

青少年的几种基本情绪如愤怒、恐惧、欢乐、悲伤和爱的起因以及表现特点与儿童期不同，表明其情绪、情感已经从不成熟发展到成熟。由于智力和社会需要的不断增长，青少年慢慢地形成许多具有明确道德意识的社会性情感，如集体荣誉感、社会责任感、义务感、正义感和民族自豪感等，其深刻性和持久性明显提高。

3. 对情感的自我调节和自我控制的能力提高，情感逐渐稳定

这一方面表现在青少年情感持续的时间延长，情感不再像儿童那样容易转换，受外部情境的影响减少。另一方面表现在青年的情感类型正从外倾型向内隐型过渡，他们能根据条件的需要在一定程度上支配和控制自己的情感，表现出外部表情与内心体验的不一致。

四、意志特征

青年的意志发展迅速，其特征是：

1. 完成意志过程的自觉性和主动性增强

青少年在遇到困难时，不再茫然失措，开始独自思考，想办法解决困难，尽全力克服困难，不像儿童那样轻易求助于他人，表现出良好的主动性；同时青少年能不依靠外力的督促和管理，自觉性日益增强。

2. 行动的果断性增强

由于认识能力的发展和逐渐成熟，青年面对充满矛盾的问题时，能够按照一定的观点、原则、经验比较迅速地辨明是非，作出决定并执行决定。与少年相比，青年的轻率和优柔寡断都相对减少，动机斗争过程

也逐渐内隐、快捷。

3. 自制力增强

青少年控制和支配自己行为的能力逐渐增强。此时，他们努力使自己的行为服从于原定的目的和计划，能较好地调节自己的激情。行动的理智性比较强，当然有时也表现出冲动。

4. 富于坚持精神

由于神经系统功能尤其是内抑制功能的发达，以及动机的深刻性和目的水平的提高，青少年在面对困难时表现出坚持性。不过在这方面，青年人比少年强得多。他们勇于求成，凡事不肯轻易服输，即便受挫，亦不灰心。

五、言行特征

言语和行为特征是表达青少年心理发展状况的重要标志。它像一面可以折射的透镜，将青少年的内心活动反射出来。

1. 成熟的言语表达能力

其主要表现是：青年人的词汇已很丰富，且内容日渐深刻；口语表达中的独白言语趋于完善；书面语言表达基本成熟；内部言语已达到完全"简约化"的水平。

2. 行为动机、表现上的成年型，行为控制上的童年型

他们要求完全摆脱成人干预，独立行事；要求社会承认他们行为的社会价值；要求两性交往、恋爱等。他们要求像成人一样地参与社会生活，但是又往往不善于控制自己的行为，特别是在情感受到触动的时候容易冲动。在这方面，少年尤其突出。

第四节　释放压力——高三学生的学习重负

一、高三学生心理问题

每年高考过后总是学校和家长紧张的时刻。这一时期，总会有个别思想负担过重的学生经不起失败的打击，或者在家长的责备下感到很丢人，甚至走向了自杀的道路。值得深思的是，不仅学习成绩不好的学生在考试的压力下产生轻生念头，而且学习成绩优秀的学生为了保持这样的成绩也会感觉到巨大的心理压力。例如，一个学习成绩上等的学生突然自杀身亡了，他的死不是因为考试不及格，而是因为这次考试没进入前十名，没得到一等奖学金；还有一个大学生本来考试成绩能达到中上，但为了更有把握得高分，他不惜作弊，结果被班主任查到，他害怕严厉的校纪处罚，所以投湖自杀了。这些学生常常得到班主任和家长的赞扬，赞扬使他们对自己的学习成绩从不满足，总想得第一名，而事实上这是不可能的，他们必须学会接受自己也可能失败这一现实。

2005 年年初，一对成绩优异双胞胎兄弟小云和小鹏（化名），却双双拒绝高考。他们的理由令人费解，他们认为自己没有复习好，不能按照父亲的要求考到满分。

医院心理科诊断结果，两人均患有严重的抑郁症。主治医生说，小云和小鹏的学习成绩在同龄人中"一路领先"，随着年龄的增长，父亲对他们的要求开始加码。在父亲看来，学习是第一位的，小云和小鹏应该尽一切可能排除所有外来干扰。一切与同学的交往，一切课外娱乐，甚至电视、游戏都被禁止。他们父亲的那种近乎苛刻的"完美教育"

方式，是导致孩子患病的主要原因之一。

高三是同学们"十年寒窗"的最后一年，是苦学十年后收获的季节，也是最容易出问题的一年。问题的出现往往是由于心理压力过大而产生的。在高考的大背景下，在家长期望的目光中，在"金榜题名"的传统影响下，同学们背负着巨大而无形的压力。在这巨大的压力下，许多学生表现出紧张、焦虑、郁闷、自暴自弃、滋事打架等症状，有的形成严重的心理障碍，甚至有厌世、自杀等倾向。对于存在于高三学生中的这种心理压力及其种种表现，班主任应会同学校、家长和社会共同努力，找出同学们心理压力的来源、表现等规律，积极探讨缓解这种压力的措施和方法，以提高同学们自身的心理压力承受能力和调适能力；帮助同学们树立正确的人生观、价值观以便圆满完成学业，顺利度过这一人生的重要时期。

当前高三学生存在的心理问题主要表现在以下几个方面：

1. 焦虑心理

高三学生焦虑主要表现为考试焦虑。在高三上学期，由于高三综合复习和高一、高二的单元学习有一定的差异，部分学生很难适应，导致成绩有较大波动，这种心理较为明显。会考和高考之前，很多学生也总会担心自己没有复习好而吃不下、睡不着，考试时出现"考不好怎么办"的恐惧感。

2. 自卑心理

有些高三学生学习成绩差，失去了学习的兴趣，对自己失去信心或者自我封闭，抑郁孤僻，或者自我放纵，沉溺于玩乐、游戏、交友等方面，荒废学业。特别到高三上学期期末，一些学生付出了一定的努力但看不到效果，就对自己的能力产生了怀疑，不愿继续努力。

3. 抗拒心理

部分高三学生以为高中生活即将结束，高三以学习为主，以高考为唯一目的，以为自己很成熟，把集体活动、学校的规章制度都看成形式主义，在行为上与班主任对抗，对家长的教育表示厌烦，许多学生因在生活学习中与父母、与班主任、与同学沟通困难而感到烦恼。

二、教育工作

1. 情感教育

建立良好的师生关系是解决一切问题的前提。班主任和学生保持亲密接触，积极沟通，让学生信赖班主任，愿意把他们的真实感受和想法告诉班主任，进而让他们的心理症结得以排遣。

尤其是那些自我封闭的同学，他们更需要班主任耐心的交流，这样班主任才能走进他们的内心。

班主任需要在平时的教育教学中多关注他们，多对他们进行鼓励，哪怕是小小的进步，也要让他们找到心理的愉悦，找回学习的乐趣和自信。

2. 理想前途教育

班主任应帮助学生树立科学的成功观念，正确定位。成功对于每个人都是不同的概念，有的人考上重点本科是成功，有的人考上普通本科是成功，而有的人只要考取专科就是成功。应当让学生认识到，只要考出自己的最佳状态，发挥出自己的最佳水平，考出自己最理想的成绩就是最大的成功。

班主任要合理地帮他们构建自己的目标，让他们根据自己的兴趣和特点，选择适合自己的成才之路。如有艺术特长的学生可以尝试报考艺术院校；有体育特长的学生可以尝试报孝体育院校等。

3. 人际关系教育

班主任可适时组织开展一些团队活动，让学生在不涉及学习的领域中轻松地体验同伴的关爱和支持，既为学生之间激烈的竞争减压，又调节了同学之间的人际关系。

例如可以利用校运动会、国旗下讲话等形式激发学生热爱集体；班主任组织学生讨论，让学习成绩优秀的学生谈学习方法，让助人为乐的同学谈心理动机，让学习有困难的学生谈苦恼。

总之，高三学生的班主任肩负的责任更加重大，必须不断加强学习，用新知识充实自己，努力提高自身修养与素质。不仅要精通所教学科，还要具备多种能力，如观察、分析和判断能力，组织协调能力，个别谈话和谈心的能力，口头和书面表达能力，发现、培养和使用人才的能力，总结工作的能力，才能以知识丰富、能力超众、人格高尚在高三学生心目中树立威望，才能有针对性地对学生进行心理辅导，促进高三学生健康发展。

第四章

特殊环境对学生心理的影响

第一节 留守儿童

一、关注留守儿童

胡宜君，女，9周岁，四年级。母亲在外打工，与父亲一起生活。孩子性格孤僻内向，不愿与他人相处，不愿开口说话，平时作业很少写，上课基本不发言，学习成绩不太理想。在班里，有她无她基本没差别，她像一个"隐形人"，不但上课沉默寡言，下课也很少出来走动，总爱一个人坐在座位上静静地发呆，显示出与这个年龄极不相称的冷静与成熟。

留守儿童是指父母双方或一方外出到城市打工，而自己留在农村生活的孩子们。他们一般与自己的父亲或母亲中的一人，或者与上辈亲人，甚至父母亲的其他亲戚、朋友一起生活。

据2000年第五次人口普查资料显示，我国农村留守儿童有近2000万人。有专家推算和保守估计，近年14岁以下的留守儿童至少在4390万以上。在一些农村劳动力输出大省，留守儿童在当地儿童总数中所占比例高达18%~22%。父母双方都外出流动，儿童不能与父母在一起生活的情况在全部留守儿童中超过了半数，比例高达56.17%。因人口流动引发的农村留守儿童问题已经成为不可忽视的社会问题。

1. 监护不力，九年义务教育难以保证

据统计，80%以上的留守儿童是由祖父母隔代监护或亲友临时监护，年事已高、文化素质较低的祖辈监护人基本没有能力辅导和监督孩子学习。农村学校受办学条件、师资力量、教学理念的局限与制约，针对留守儿童的需求提供特殊有效的教育和关爱力不从心，学校与家庭之间缺乏沟通。家庭和学校监护不力，导致相当数量的留守儿童产生厌学、逃学、辍学现象。留守儿童学习成绩及初中教育的在学率都低于正常家庭儿童，中国人民大学人口与发展研究中心的研究显示，进入初中阶段以后，留守儿童在校率大幅度下降，14 周岁留守儿童的在校率仅为 88%。

2. 缺乏抚慰，身心健康令人担忧

据西部某劳务输出大省在一县域内的调查显示：70% 的父母年均回家不足 3 次，有的甚至几年才回家 1 次；近 30% 的留守儿童与父母通话、通信频率月均不足 1 次。由于父母长期外出，留守儿童的情感需求得不到满足，遇到心理问题得不到正常疏导，极大地影响了其身心健康，形成人格扭曲的隐患，导致一部分儿童行为习惯较差，并且极易产生心理失衡、道德丧失、行为失控甚至犯罪的倾向。南方沿海某省一项调查显示，19.6% 的留守儿童觉得自己不如人，11.4% 觉得自己受歧视，9.5% 有过被遗弃的感觉。北方某省的一项调查显示，在青少年犯罪中留守儿童所占比例已高达 20%。

3. 疏于照顾，人身安全不容忽视

监护责任不落实，监护人缺乏防范意识，儿童防护能力弱，农村留守儿童容易受到意外伤害，甚至成为不法分子侵害的对象。公安部门统计数据显示，被拐卖儿童群体中，第一位是流动儿童，第二位是留守儿童。女孩受到性侵害又不能及时得到父母帮助，极易酿成严重后果。

二、留守儿童的心理问题

留守儿童是心理问题的高发群体，心理问题主要体现在以下几个方面：

1. 心理脆弱

小博是一个 10 岁的小男孩，今年上小学六年级了。他的爸爸、妈妈外出务工，他自小跟奶奶、爷爷一起生活。他们对其百般疼爱，对他的要求从来不说半个"不"字。小博自理能力很差，今年在学校读寄宿。爷爷、奶奶隔三差五来学校看他，每次来总是大包小包，来时是零食，回去换成了要洗的衣服。

小博聪明、活泼，但自制力差，容易发脾气。上课不太听讲，要么去招惹别人，要么自己做小动作，很少参与课堂的任何活动。与同学的关系很差，大部分同学都不愿意跟他玩，他也不愿意参加班级活动。晚自习时还因玩玩具与生活班主任发生争执。

留守儿童面对困难和挫折时，不是想办法克服困难、战胜挫折，而是放弃，有的甚至是在生活中遇到一点小麻烦，就哭鼻子，心理相当脆弱，究其原因，农村学校留守儿童的父母外出后，一般是由孩子的祖父、祖母来管教，有的是寄居在亲戚或朋友家里管教，这些人由于自身的文化素质偏低，或是别的原因，一般只管孩子的吃住，没有真正全面地了解孩子的内心世界，更没有有意识地对孩子的意志进行磨炼。

2. 做事随意、任性，学习无目的

留守儿童的学习没有明确目的，做事随意性大，在集体生活或与他人交往中显得任性。他们往往把自己封闭起来，不能坦诚地与别人沟通，不能正视自己的缺点。对班主任的批评，对别人的建议持无所谓的态度。究其原因，一方面是管教他们的亲戚或朋友，对他们缺乏严格的要求，有的甚至是没有要求，任其自然。另一方面是这些孩子基础太差，无法理解学习的新内容，不但感受不到学习的快乐，反而觉得学习是一件苦闷的事。

3. 懒惰、心胸狭隘、自私

留守儿童不主动参与活动，即使参与了也不能尽力。至于在服务性的工作中，他们则总是想方设法逃避。当触犯到他们的利益时，就得理不饶人，见到别人的好东西，总是要把它弄坏才感到快乐。究其原因，是这些孩子从小就离开了父母，没有爱的滋润，也没有得到很好的正面教育，他们有的是无止境的索取意识，缺乏奉献。他们的父母爱他们的方式是物质上的尽量满足，这种变形的爱，就不可避免地导致了他们性格形成的畸形发展。

三、心理辅导方法

1. 给予充分的真挚的关爱

留守儿童之所以产生各种心理症结，其中一个重要的原因是缺乏关爱，班主任需要用爱来感化他们，使他们感受到生活的美好，感受到他人奉献的重要性，从而学会奉献。但是，对于他们中一些心理症结严重的孩子，给予了他们关爱，他们也许还会无动于衷，这也是正常的，班主任不能灰心，这是因为用爱来感化这种心理症结严重的孩子是需要一个过程的。就像一个得了重病的人，用再好的药也不可能使他一下子痊愈。因此，对待这类孩子，需要有耐心，也要正确地看待他们在变化过程中的反复性。通过多年的实践证明，还没有遇到一个孩子，用爱心来感化他不起作用的。只要给予他们充分的真正的关爱，他们就会朝着好的方面变化。

下面来看一位班主任的做法：

周佩琪是五年级时转入我校寄宿班就读的。她性格内向，腼腆，上课时爱做小动作，每次一接触到我的目光就一下子趴在桌子上，好半天才敢抬起头偷偷地望我一下；在校园里见到我时，她总是加快脚步小跑过去……通过了解，我知道她是一名留守儿童，父母长期在外打工，祖父母身体不好，照顾她也不是很容易，她的父母经常连春节都不回来，一年难得见一次面。

我特别关注这个孩子，无论是学习上，还是生活上，我都把关爱的目光投向她。慢慢地，我知道了她常年见不着父母的苦恼与思念，知道了她不敢和班主任交往而又渴望班主任的关爱的矛盾心理，而这些又成了她的心理负担，使得她开学以来一直不能安心学习。了解这一情况后，我决定对她的教育从细微处入手，关爱她，鼓励她，帮助她树立信心，大胆和人交往。我发现她作文基础较好，便指导她修改习作，鼓励她参加作文竞赛。渐渐地，她对学习有了兴趣，成绩也由原来一二十名进步到前几名了。很多时候，我不经意帮她整理一下衣领、红领巾，有时候让她收收作业本，我都能明显地感觉到她已经把我当作亲人了，无论是人际交往上，还是学习方面都有了很大进步。

她在成长日记中写道："刚转来时，我特别害怕上学，害怕面对不认识的同学和班主任，爸爸妈妈都不在家，我真怕在学校寄宿会不适应……现在，我不怕了，同学就像是兄弟姐妹一样，班主任就像父母一样无微不至地关爱我们。双休日我都不想回家了，因为又要和班主任、同学分开两天了……"

2. 抓住契机，进行教育

现实生活中的很多班主任，他们在教育学生时，他们一般是在班会课上长篇大论地说道理，却不知他的这种教育方式根本不起作用。对于这种有心理症结的学生，必须抓住教育他们的最佳时机，才会有效。

3. 塑造良好形象，施加影响

教育的过程从本质上讲就是用思想或行为对学生施加影响。对于一般学生来说，他们能正确看待班主任身上的缺点，但对于有心理症结的学生来说，他们则把班主任身上的缺点作为自己违纪的借口。为此，作为班主任的我们必须注意塑造自身良好的形象，以便对学生产生潜移默化的影响。尤其是在有心理症结的学生面前，必须注意自己的言行，必须注重加强自身的修养。教师拥有高尚的师德、表里如一的为人，才会对孩子们产生良好的影响。如果一旦孩子们感觉班主任言行不一致，或者做出有损班主任形象的举措，那么班主任就会失去孩子的信任，那怕花成倍的代价也许还是于事无补。班主任必须以高标准的要求来规范自己，以渊博的学识、高尚的师德来教育、影响学生。唯有这样，才会把学生引向良好健康的方面发展。

第二节 单亲家庭

一、关注单亲家庭学生

童童是小学一年级的学生，父母离异，和奶奶一起生活。他开学一个星期还能正常完成各科作业，但是一周后作业经常少做，甚至不做、说谎。班主任批评后，就不想上学，不说话，逃避别人。

班主任经过和他奶奶的交谈了解到，他的父亲是个简单粗暴的人。他在年幼的时候，就经常受到父亲的打骂，但是，当父亲心情好的时候，又会满足儿子一切合理与不合理的要求，这就造成了他既胆大怕事又固执任性。两年前，父母又离了婚，使他受到很大打击，加上母亲常常在儿子面前哭诉自己的不幸，使这个小孩情感更加脆弱，心理压力更大，觉得自己在同学面前抬不起头来，干脆就不去上学，采取有意回避的态度，压抑自己。

小黎是高中一年级学生，父母在其4岁时离婚。其后一直随爷爷、奶奶在钦州生活，升入高中时因为爷爷身体欠佳，回到南宁和父亲、继母、弟弟一起生活。自新生军训的时候就离群居所，还因为仪容仪表不合格和教官发生冲突。开学后多次以请假到校医室看病为名逃课，迟到2次，缺交作业12次。开学后3个月一个下午因为在宿舍里偷盗同学的财物被学校警卫查出，连带发现之前一起教室的失窃案也是他所为。但是小黎拒绝承认错误，还声称是被冤枉的，要转学否则就离家出走。

随着经济的高速发展，各种文化、价值观的冲击，特别 2001 年新《婚姻法》颁布以后，我国的结婚率没有提高，离婚率迅速上升。单亲家庭的数量正逐年呈上升趋势。据民政部统计资料表明，2002 年，我国离婚人数为 117.7 万对，比 1987 年的 58.1 万对翻了一番，是 1980 年的 34.1 万对的 3 倍多。如此看来，平均每天约有 3225 对夫妻离婚，也意味着 3225 个家庭破碎。我们不愿给单亲孩子贴上另类标签，但不容小觑的是，自杀，自暴自弃，用暴力报复亲人、报复社会，越来越多的恶性事件与单亲家庭子女联系在一起。与日俱增的单亲孩子，被视为青少年犯罪的"重点嫌疑"群体、需重点关注的问题少年。单亲家庭学生的心理健康与否，关系到每所学校整体教育教学的稳定、关系到构建和谐社会发展目标。作为初、高中的班主任研究单亲子女教育问题，更有其独特价值，做到防患于未然，是这项研究的价值所在。针对单亲学生的问题的研究，不仅应从思想、行为习惯和社会不良影响等层面入手，更应从心理学视角分析单亲学生问题产生的原因，进而采取相应的教育干预措施。

二、单亲家庭学生心理问题

单亲家庭的学生或因享受不到充分的家庭温暖，或因社会的某种偏见，或因其家庭的经济原因以及其他因素，往往会表现出下面一些不健康的心理现象及行为特征：

1. 心理自卑

父母是孩子们心目中的骄傲，特别是父亲，在幼小的男孩心中，是百事通，是万能者，是世上最了不起的人。孩子们在一起都会夸自己的父亲如何有知识、如何有力气，甚至如何有钱。处在一个没有父亲或母亲的家庭里，孩子就自然没有这份优越感。也由于世俗的偏见，认为离婚总是不光彩的事，单亲孩子的自卑感便油然而生。如果是在闹别扭的时候，小孩子们会更觉得自己是如此势单力薄。但是他们的内心却在想，我要有父母在身边，我才比你强呢！

这类自卑感强的学生表现为沉默寡言，他们从不谈起甚至回避双亲的事，对任何人（包括班主任）都保守着这个秘密。他们填表则隐瞒家庭情况，经济有困难不会申请补助。这类学生有的原有美好而远大的理想，有的甚至一度争气要改变环境，但又由于自卑，不能使自己的理想协调发展。自卑的心理影响了想象力与创造力的发挥，属不健康的心理现象。

2. 性格孤独

单亲孩子，特别是随父亲或住在重组家庭里的孩子，由于父亲的粗心或与继父或继母的隔阂，他们的亲情交流受到限制，觉得自己在家庭中是多余的人，自然而然就产生孤独感，行为上表现出离群，很少参加集体活动。

3. 非常自我

这类学生有的由于缺少管教，有的由于亲情的隔阂不接受继父或继母的管教，或继父或继母不便于管得太严，从小就养成了上不服天、下不服地的唯我独尊的心理特点，事事处处以自我为中心，心目中没有父母、没有同学、没有班主任，没有他人。有的学生不但不叫继父或继母，就连自己的父母也不叫。这类学生行为上表现出自私自利，不关心集体，不参加公益活动，不遵守校规班纪，是思想教育的重点对象。

4. 逆反情绪

单亲学生有的因为父母离异觉得不光彩，也受到同学的歧视，慢慢对父母、对家庭产生一种厌恶感。有的因为家里突然增加了第三者，言行受到约束，如果继父或继母对自己存在偏心时，则会产生更大的逆反心理。有时不愿跟父母说话，父母忠言相劝，他故意说父母是错的，总之，一味要对着干，以此来报复。更可怕的是这种对家长的逆反发展到对班主任、对同学、对社会的逆反，从而产生破坏性。对这类学生如果放松教育，将会对社会产生不良后果。

三、心理辅导方法

1. 多方共同配合

学校、家庭、社会应"联网"。学校班主任要主动深入地调查访问，了解所教学生的情况，做到心中有数，有的放矢。家长要主动配合，把单亲学生的心理特点报告给班主任，以减轻班主任工作的难度。社会要消除偏见，多献出点爱心，让单亲学生甩掉自卑的包袱，使其身心得到协调发展。

2. 帮助树立正确的人生观

对于那些充满消极思想的单亲家庭学生，班主任要对他们进行正确的人生观、价值观、世界观和六个"学会"（学会学习、学会思考、学会创造、学会生活、学会关心、学会自我教育）的教育，班主任可采用成立课外学习小组的形式，帮助他们学习功课，以提高成绩来增加他们的自信心。这样既可明确人生目标，又可逐步消除孤独感。另外要引导他们多看人文科学和自然科学的书籍以及影视片，以激发他们自我教育的因素。班主任要引导他们正确评价客观事物，讨论文学作品，认识自我形象。提高自我评价的能力，通过外部因素和自我调节使他们尽快走出迷茫的境地。

3. 创造活动的环境

班主任要研究孤独型学生的心理特点，掌握他们行为的规律，对症医治。一般地说，单亲学生不能享受双亲家庭学生同样多的亲情，班主任要主动地接近他们，做他们的第二父母。绝对禁止恶言训斥，多个别交流，做他们的知心朋友，特别是在校外活动中，使他们真正觉得学校就是家庭，班主任就是父母，同学就是兄弟。班主任有计划地成立活动小组，让单亲学生置身于集体活动之中，通过同学之间的相互影响，消除他们的孤独感。

4. 要辅以法规校规教育

对带有自我、逆反特点的学生，首先应耐心、细致而又严格地要求，同时还应辅以纪律、公德和法制教育，使之不做出格的事情。有了违纪行为决不能迁就，耐心的思想教育与严肃的纪律处分相结合，有时可能会得到满意的效果。

第三节　校园暴力

一、关注校园暴力下的学生

2008年10月9日晚，河北衡水第五中学女生宿舍楼发生校园暴力事件，以班长为首的12名女学生用拖鞋打脸、拳打脚踢、泼冷水、捆耳光、罚跪等方式，对一名同班女同学进行折磨，这次暴行一直持续到次日天快亮时。

周至县哑柏初中初三（1）班学生王强在下晚自习回家途中，看到初三（11）班的好友赵某被初三（10）班的小胡带着几个人拦住，所骑自行车车筐被小胡踢坏。因赵某骑的是自己的车子，王强便过去质问小胡，双方言语不合厮打起来，小胡几次被打倒在地，气恼之余失去理智，小胡在王强再次扑上来的时候，拔出随身携带的水果刀刺进了王强的心脏位置，王强只说了句"你还用刀子……"便倒在地上。小胡见状也慌了，连忙和赵某及周围同学一起把王强送到医院。半小时后，王强抢救无效，心脏停止跳动。经法医鉴定，导致王强死亡的直接原因是水果刀从王强第五根肋骨下刺入，进入心脏3厘米处，致使心脏停止跳动。

据了解，小胡事发当日上午曾到初三（11）班向一位同学借书，坐在窗户边的赵某嫌小胡声音太大太吵，便把窗户关上，小胡认为赵某和自己过不去，便和几名平时"玩得好"的同学说"想收拾赵某"。得到"哥们"的支持后，小胡便于当晚下晚自习后在校外马路边拦住赵某，没想到竟造成了这样的恶果。

校园暴力事件一直是社会各界广泛关注的焦点，暴力不仅来自外界，很多还是发生在学生自身。校园暴力不仅仅会伤害到学生的身体安全，更重要的是会对他们产生长久的心理伤害。

校园暴力几乎在各个国家的学校都有发生。由于研究者的角度和侧重点不用，"暴力"的定义各有不一，其中得到较多认可的有两种：第一种是"暴力是动作发出者的攻击性行为，即是用自己的身体或别的物体（包括武器）去伤害（通常很严重）另一个个体的攻击性行为。"第二种定义来自于世界卫生组织，"对自己、他人、群体等广泛地使用体力或其他能量来恐吓，其结果导致了或最大可能导致了受伤、死亡、心理伤害、发展不良或剥夺的行为"。"校园暴力"是近年来在教育界提出的一个新的概念，近期有研究者将校园暴力概括为："一般泛指发生在青少年之间，与学校的教学活动有直接关系的暴力行为，既包含了发生在校园内的暴力事件，也包括了发生在校园外但与学校有着直接关系的暴力行为。"

校园暴力之所以可怕，因为它是一种可以传染的"病毒"，而好冲动的少男少女是"易感群体"。因此，对校园暴力的制约离不开良好校风的培育，而良好校风必然是师生良好素质的结晶。具体说来，校园暴力往往与恶劣校风相伴而生，校风越好暴力越少，校风越差暴力越多，生活在恶劣校风环境里的学生人格是很容易扭曲的，因为邪恶的势力在这里膨胀成魔鬼，而让一盘散沙的学生很难与之抗衡。

对遭受校园暴力伤害的孩子来说，学校的保护是极为重要的一道防线。可是许多学校没有给孩子以理解和帮助，更没有教给他们自我保护的方法。青春期的孩子本来就有封闭心灵之门的特点，即使受到伤害也往往不愿意诉说。

有十几年班主任工作经验的高中班主任乌兰认为，许多孩子在校遇到问题不愿向班主任报告，更不愿向家长说，而是倾向于自己解决，最主要的原因是孩子在一定程度上不信任班主任或家长。而导致这种局面的主要原因是家长或班主任与孩子的沟通存在问题，甚至有些家长只满足孩子的物质需求，而忽略了其精神世界的需求。笼统地说，大部分施暴的学生是受到父母离异、家庭暴力、贫困等方面的影响，还有一些学生是因为自卑，自信不足，总是怕别的同学瞧不起自己，便去欺负弱小的同学，以此树立自己的"威信"。

尊重生命是一切教育的核心理念。无论是家庭、学校还是社会，都需要确立一个不可动摇的原则，从小培养孩子对生命怀有敬畏之心，把珍爱生命、尊重别人作为最重要的人生信条。除了法律的判决之外，任何人都不能伤害他人的生命。

二、校园暴力事件的危害

校园暴力事件发生以后，除了会给暴力事件的双方程度不一的身体上的伤害以外，最值得关注的是，暴力事件给暴力双方以及与之有关的人带来了不同程度的心理伤害。比如创伤后应激障碍、恐慌、焦虑、抑郁、人际关系紧张、人格发展障碍等，有的还间接导致当事人以后在家庭生活中的暴力倾向。对于和学校班主任有关的暴力事件，可能造成班主任的身体受伤害、教学士气受到打击、名誉受损、精神上受打击等。而校园暴力事件对学校来说，在一定程度上破坏了学校的和谐稳定状态，使学校师生人心惶惶，并可能使学校面临各方面的社会压力。

三、校园暴力事件心理危机干预

校园暴力事件的心理危机干预，在国外以及台湾地区早已得到高度重视，并发展出各种干预方法。但是就目前国内中学对校园暴力事件的干预情况来说，大多数的学校习惯于通过学校的各种规章制度和批评处分来解决校园暴力，或者流于程序上的处置和干预，着重预防。但是当校园暴力发生以后，留给暴力双方和与之相关人员的，不仅仅是身体上的伤害，更严重的是暴力事件给当事人和其他有关人员带来的心理上的影响。因此，做好中学校园暴力事件的心理危机干预是一件值得高度重视的事情，不仅有利于促进中学生健康成长，而且也有利于促进中学校园的和谐和安宁。

1. 通过心理测试，建立心理档案，关注暴力预报因子

校园暴力事件在一定程度上是能够预防和预警的。研究表明，青少年的危险行为与曾经有过的暴力事件之间存在着非常密切的相关性，比如说成绩差、人际关系恶劣、自尊低、酗酒、逃学、打架、携带武器等都可能与校园暴力存在着高相关。因而，考虑将一些中学生的危险行为作为中学校园暴力的早期预报因子，及时发现高危者，监控其暴力倾向并及时做出适当的干预，有利于中学校园暴力事件的预警和预防。

2. 开展有关校园暴力的教育

开展有关校园暴力的教育，让中学生树立有关法律意识，学会怎样抵抗暴力，提高人际交流的技能，学会管理自己的情绪，同时进行生活技能教育。例如，美国针对暴力事件发生率较高的学校开展"18课时预防校园暴力生活技能"课程，介绍青少年暴力事件产生的主要原因和环境因素，另外还有愤怒控制、矛盾的非暴力解决方式等。

3. 强调学校的心理辅导机构及其详细地点、联系方式

向学生强调学校心理咨询中心的地址、电话，以及学校心理咨询班

主任的联系方式，鼓励学生利用心理辅导的方式解决此次事件给自己带来的恐惧和害怕，以及解决同学之间的矛盾等。

4. 留心有异常情绪反映的学生，及时对他们进行单独的心理援助和辅导

因为暴力事件的发生，班上可能会有一些和当事学生关系密切或者心理素质比较差的学生的情绪会受到比较大的影响，班主任要特别留心（也可通过班干部的观察以及其他学生的汇报）这些学生，及时开导，或者将其送到心理咨询师处进行及时的情绪疏导和心理辅导，让其尽快走出悲伤，走出恐慌。

5. 对校园暴力事件的当事人的心理辅导

对受害者进行长期的心理辅导，及时发现问题、解决问题。事件发生以后，暴力事件的当事人可能更多地会后悔，觉得对不起家长和班主任，在这个时候，应该给他们提供一些情绪发泄的方式，给他们以心灵的温暖，不要让他们感到被遗弃、被孤立。当他们重返教室以后，可以通过专门的团体活动（如篮球比赛、足球比赛、野餐等），让他们参与进来，让他们感觉到被接纳和团体的温暖，这样有利于彻底改变他们的不良行为，更好地面对以后的生活。

第四节　家庭暴力

一、关注家庭暴力下的孩子

一个孩子数学考了 26 分，妈妈一把抓过试卷，问也没问就把它撕成碎片，朝孩子砸去，随后又抓过塑料绳一边劈头盖脑地抽打孩子，一

边责骂："考这么一点分数，丢死人！是猪也不会考这么个分！"孩子呆呆地站着，泪如泉涌。

一个男孩兴高采烈地跑回家告诉妈妈："这次考试我前进了14名，第七！"这位母亲说："第七还美成这样！"小男孩的欢乐顿时烟消云散。

双休日里，刚从作业堆里爬出来的她，才按下电视的遥控器开关，不想平地响起"惊雷声"："还不赶快去练琴！就知道看电视！"无奈，烦躁的她怎么也奏不出和谐的旋律。

家庭暴力不是一个新鲜的话题。可是，有多少人能够清醒地认识到：家庭暴力不仅属于家庭问题，而且是亟待关注的社会问题。家庭暴力不仅破坏家庭和睦，诱发刑事犯罪，影响社会稳定，而且直接危害中小学生的身心健康。

临床证明，父母脾气暴躁、经常打骂孩子，长期的家庭暴力，会给青少年留下心理阴影，甚至造成心理障碍。

据对某校1300余名学生进行的调查，家庭暴力对中小学生的伤害很严重，后果是灾难性的。

40%的家庭都存在家庭暴力，60%的中小学生都遭遇不同程度的家庭暴力。如果将刺激性语言也纳入家庭暴力的话，75%的中小学生都生活在家庭暴力中。个别学生平均每3天就被父母揪耳朵、用脚踢，平均10天左右遭痛打。每隔30天左右受到暴力伤害的学生约占调查人数的21%。学习成绩差的受到的伤害次数多、手段狠。

二、家庭暴力中孩子的心理问题

由于缺乏亲情关爱和良好的家庭教育，容易产生这样一些问题：一是任性、倔强、自私、冷漠，忧郁多疑，缺乏热情和爱心，缺乏同情心，逆反心理重，常有违规、违纪、违法现象；二是性格孤僻，不太与人交往，多以自我为中心，很少考虑他人，合作意识差，合作能力低；

三是不讲文明礼貌，进取心、上进心较差，集体荣誉感不强，道德品行较差；四是学习成绩低下、家庭作业普遍完成较差，学习缺乏自觉性和刻苦钻研精神，缺乏主动性、积极性；五是厌学情绪日趋严重，直接造成学生成绩不断下降，产生辍学现象。

家庭暴力不管是显性的（即"棍棒式的强制"），还是隐性的（即"温柔的强制"），给青少年造成的危害远不止皮肉的创伤，更严重的是造成孩子心灵的扭曲。此时如果再遭遇父母离异、家庭"战争"、极度贫困等负面刺激，就很容易形成一种"攻击性人格"。为此他们往往通过欺凌弱小来释放压抑，获取一种心理上的平衡。从这个意义上说，那些"害群之马"其实是不良的家庭教育的"受害者"，也是需要诊治的心理障碍患者。

第五节　突发事件影响

一、创伤性应激障碍

近年来，自然灾害、社会恶性事件、校园伤害事故频发，学生成长的环境面临着巨大的变化，不利的环境因素给学生的健康生活、学习带来了不同程度的隐患。这就使得危机应对、创伤后应激辅导成为学校越来越关注的问题。

遭受突发事件后，学生容易获创伤后应激障碍。

创伤后应激障碍是指直接或间接接触自然灾害、战争、暴力犯罪、性侵害、严重交通事故、技术性灾难、难民、长期监禁与拷问等创伤事件的受害者、幸存者、目击者与救援者所出现的症状。引起儿童的创伤后应激障碍的典型事件有人与人之间的暴力行为，如战争、抢劫或强奸，危及生命的事故如房屋倒塌、交通事故或灾难，如火灾或地震，经历或目睹上述事件者，或在亲人猝死后容易发生。其中，人与人之间的暴力事件，更容易引起此类症状。

二、创伤性应激障碍心理问题

1. 反复重现创伤性的体验

是尽管患者对经历的事件极不愿想起，但却不自觉地反复回忆当时的痛苦体验，或反复发生错觉、幻觉，形成创伤事件重演的生动体验，如"闪回"。

2. 回避与创伤事件有关的活动

不能回忆或遗忘创伤性体验的某一重要方面。特别常见的是在法庭诉讼中，当受害者患者面临执法人员对事件前因后果、细枝末节的追问而不能想起，此时，若勉强地要患者去回忆他想回避的事件，这无异于在其伤口上撒盐。此外，患者还会产生一系列的退缩症状，如与旁人疏远，与亲人的感情变得淡漠，对未来失去希望，觉得活着没有意义等。

3. 持续的警觉性增高

常伴有神经兴奋、对细小的事情过分敏感、注意力集中困难，有失眠或易惊醒、焦虑、抑郁、自杀倾向等表现，长期可引起人格改变。

症状往往在创伤后立即出现，若症状在 3 个月内逐渐消失，称为急性，超过 3 个月以上仍未消失，则称为慢性。令人担忧的是，若是处理不当，将可能持续数年或数十年，甚至影响受创者的一生。此外，还必须注意的是，部分患者的症状并非一开始就会显现，有时会在创伤后半年或更长的时间后才开始出现。

三、心理辅导方法

突然事件引起的心理危机越来越频繁地出现在校园内。这些事件对学生幼小的心灵是极大地伤害，如果班主任的心理辅导不及时或不到位，这种心理困扰就会加剧，甚至会严重影响学生今后的人生。所以，班主任要重视这方面的心理辅导，并且科学地运用各种方法为学生解决问题。

班主任如何帮助遇到突发事件的学生呢？

1. 帮助学生宣泄情绪

一般在此类心理辅导中，情绪宣泄是第一步要做的工作。学生面临各种突然的事件时，这些事件是他们没有遇到过，也没有心理准备。随事件产生的悲伤、恐惧等负面情绪需要一个释放的渠道，以减轻内心压力。

2. 转移注意力

有些经历创伤事件的学生可能拒绝与他人交流他们的感受。一些转移注意力的活动会更容易让他们接受，使他们得到内心的平复，如绘画、听音乐、进行阅读、玩扑克牌、进行棋盘游戏或运动等。他们其中一些人可能希望独处。如果足够安全，请提供给他们一些可以不受干扰的独处空间。当他们想与你讲述时，班主任应安静地倾听，不要说得太多，更不要探究过多。但要让他们意识到：让人痛苦的事情发生过以后，尽管有时你不想去谈论，但当你有什么需要时就一定要说出来，要让班主任知道你需要什么能帮助事情变得好起来。

3. 认知调整

学生在经历此类事件后，往往会对自己的人生观、世界观产生极大的影响，甚至会消极地对待周围事物。他们此时的某些观念是不正确的。班主任需要在学生的情绪稍稍平复以后，为学生讲解正确的观念、正确处理事件的方法，方式可以是个别辅导也可以是团体辅导。

第五章
典型个体心理问题辅导

第一节 学习问题心理辅导

一、学习障碍心理辅导

1. 学习障碍的表现

自 20 世纪 60 年代 "学习障碍" 概念被提出以来，西方国家对这一问题的研究已走过了近半个世纪的历程，但我国对这一方面的研究几乎还是一片空白。在我国，中小学学生的学习障碍问题也十分突出。在心理咨询过程中，专家发现，因子女学习问题和学习障碍前来咨询的家长和学生占有很大的比例。据估计，我国中小学学生有学习障碍的人大约为 5%。在我们这样一个青少年数量庞大的国度，学习障碍的问题就显得更为严峻。

人们一般把那些学习成绩不好的落后学生笼统地称为学习障碍者，这是一个极大的误解。实际上，学习障碍在特殊教育中是一个特定的概念。成绩落后是一个比较意义上的概念，有人群的地方就有成绩落后者。优秀的学校同样存在成绩不好的学生，但这些人不一定是学习障碍者。所谓 "学习障碍" 表现为学生在某种特殊的学习能力或多种学习能力方面的缺损，主要指在获得和应用听、说、读、写、算的能力及推理等认知加工过程方面出现明显的困难，这些困难严重妨碍了学习效果。学习障碍是个体内在的、固有的、基本心理过程的缺损，一般被假定与中枢神经功能的失调有某种关系。虽然学习障碍可与智力落后、情绪障碍或不良的家庭影响共同出现，但它不是由这些因素所直接造成的。这也就是说，我们不要把因智力落后和家庭环境不良导致的学习成绩落后看成是学习障碍，对于这些问题，我们可采取其他的处理方法。

小丽今年刚刚入学，可是父母却发现孩子写作业时十分粗心，经常多一撇少一划，把答案抄错。一次试卷发下来，父母发现中间竟然漏做了很多题，而小丽却说自己根本没看见这些题，父母于是觉得孩子学习态度有问题，故意不肯做题，于是打了她一顿，但整整一个学期，这种情况始终没有得到改善。

小杰平时上课爱站起来东张西望，或者将脚放在凳子上跪着玩，有时爱玩一些小玩意儿，与人交谈时很羞涩，听课时爱插嘴，但班主任点他起来回答问题时，他却两眼茫然，班主任将问题复述后，他依然如此。通过家访与家长多次沟通后了解到，小杰在家不怎么捣乱，但是每次回家都不知道家庭作业是什么，写作业时注意力不集中，最喜爱的活动是看电视。

学习障碍是一个十分特殊的现象，它与我们平时所说的不用功或没有良好的学习习惯和学习兴趣不是一回事。由于我们目前对学习障碍缺少足够的了解，所以常常把那些学习不好的学生、上课不注意听讲的学生判断为故意不爱学习的学生，认为他们淘气、不守纪律、不求上进、没有教养。从学习障碍的角度来看，这是对他们的误解。

2. 学习障碍辅导方法

①制定作息制度

班主任需要和家长共同商定学生的作息制度。要想保证孩子在校能精力充沛地从事各项活动，必须让他得到充分的休息和睡眠。班主任要向家长特别强调：不能让他长时间地看电视，因为看电视时，孩子处于似听非听、似看非看的状态，容易造成孩子上课也处于这种状态，建议家长培养孩子看书的习惯。

②多参加活动

班主任可以多鼓励学生做跳绳、踢毽子、滑冰等活动，引导学生融入集体活动中，并产生兴趣，发展孩子的运动能力，协调其左、右脑平衡发育；家长则每天抽出一定时间，陪孩子玩一些动手动脑的游戏。

③训练学习能力

背书可以训练儿童听觉记忆的能力，并能丰富他的词汇。在训练过程中，班主任采取循序渐进的办法：先背一些简单易懂的儿歌，再背古诗，然后背课文。在背的过程中，如果背不上来，也不强制，就与他一起背。这样坚持了一段时间，学生可能就会取得显著进步。

④理解支持

很多任课老师在上课时，有学习障碍问题的学生都会进行捣乱。然后这些老师就会向班主任反映这个学生的问题，这时候，班主任要尽心尽力地向各位老师解释，并力求得到他们的理解和支持。事后，班主任应尽快找学生进行沟通，告诉他自己的期望，希望他做个爱学习、守纪律的好孩子。

二、厌学情绪心理辅导

1. 厌学情绪的表现

厌学一般是指学生对学校的学习生活失去兴趣、产生厌倦情绪和持冷漠态度，形成厌恶逃避的心理状态及其在行为方式上的不良表现。厌学的主要特征是学生对学习毫无兴趣，将学习看为负担，把学习看作一件痛苦的事情，不能从事正常的学习活动，经常逃学或旷课，严重的导致辍学。中国青少年研究中心与北京师范大学教育系曾在全国做过中小学生学习与发展的大型调查，发现因"喜欢学习"而上学的初、高中生仅为10.7%和4.3%。厌学的直接后果是学生的学习效率下降、学业不良，进而拒学、逃学和弃学，严重影响学生的健康成长。

一位母亲最近来访，她很苦恼。儿子上初二，最近不知道为什么一提到学习，脸上就出现烦躁的神情，一拿到书本，就哈欠不断。做作业时也磨磨蹭蹭，拿块橡皮也能拿半天。妈妈让他把第二天的书看一看，他就冲妈妈说一句："没什么好看的。"妈妈追问了半天，他才冒出一句："学习真没意思，真累！"他的妈妈很是焦虑，找到了班主任，班主任直截了当地告诉妈妈，他现在很厌学，也正要找家长来联系呢！

小张，男，8岁，小学一年级学生，家境较富裕。因为父亲有外遇，导致家庭不和睦，夫妻经常吵架，家庭缺乏温暖，这使孩子缺少了父爱和母爱，显得自卑、孤僻，学习成绩直线下降，产生了自卑、厌学的情绪。通过家访和了解情况的班主任的反映，小张智力水平属中等，但是进入学校后，学习成绩差强人意，第一学期期中考试语文不及格，数学只有65分。小张性格比较内向，不大爱说话，若是陌生人跟他接触，他都一言不发。很难在他口中了解他的症结在哪里，他把学习当作"苦差事"，一提起背诵课文、完成作业就头痛，对学习抱着"破罐子破摔"的消极态度。班主任多次找其父母谈心，他父母却说："这样的孩子没出息，随他去吧！"

2. 厌学情绪的产生过程

厌学心理是逐步形成的，一般要经过四个阶段，即焦虑阶段、怀疑阶段、恐惧阶段和自卑阶段。

焦虑阶段是指学生由于没有实现预定的目标而产生冷淡和焦虑意识。这里预定目标不仅仅体现在学习的终极目标，比如考试的成绩上，还体现在学生在校的学习生活中，比如希望自己在课堂上得到班主任和同学的尊重；在回答班主任提问时，希望得到班主任的肯定；做作业时，希望自己能够顺利地完成等。当这些目标没有能够实现时，人在心理上就会产生焦虑的意识，产生不安的情绪。但这时学生对学习仍有信心，而且适度的焦虑会对人产生一定的压力，而适度的压力又会转化为努力学习的动力，对学习还是有好处的，能促使学生努力去改变这种状态，从而获得学习上的不断进步。但焦虑程度过重，或不断地、频繁地产生焦虑，则会使学生的学习心理进入到第二个阶段，即怀疑阶段。学生对学习的怀疑阶段是指学生由于在学习上多次失败，对自己或班主任设定的学习目标常常不能实现，进而对自己的学习能力产生怀疑，觉得自己似乎不是一块学习的料子，但对学习仍未完全丧失信心。

怀疑阶段的显著特征是学生在学习上遭遇多次失败和挫折，而每一次失败和挫折都会引起学生的情绪波动，一方面怀疑自己的学习能力有问题，失去学习的动力和兴趣；另一方面也会产生一些如不满、冷淡和敌视等不良心理。这时，如果有学习成功的机会出现，学生的学习信心、自信心又会增加。但如果经过努力却仍然不断地失败，则学生的学习心理会进入第三个阶段，即恐惧阶段。

学生对学习的恐惧阶段，是指学生在学习上产生了明显的障碍，真的怀疑自己的学习能力，从而对学习产生恐惧心理。表现为上课听不懂、对学习毫无兴趣、一听到学习就头痛等。在恐惧阶段，学生的内心上会伴随着想逃避学习的心理发生。当学生内心产生恐惧而又无法逃避学习时，学生的心理就会进入到第四个阶段，即自卑阶段。

学生在学习上的自卑阶段，是指学生把学习上的失败，全部归结于自己学习能力低下，以至于彻底失去了学习信心。常言道，最大的悲哀莫过于心死。学生彻底失去了学习信心，就等于是学习上"心死"了。学生一旦产生这种学习上的"心死"的自卑心理，则不但学习学不好，而且会影响到学生的整个学校生活，使其整个学校生活笼罩在自卑的心理阴影之中。

需要说明的是，并不是每个厌学的学生都会经历这四个阶段，因为每个学生的学习经历是不同的，引发厌学的原因也是不同的。但是这至少说明厌学不是天生的，是在学生的学习生活中逐步形成的。

3. 心理辅导方法

针对一般厌学的学生，要根据其不同的厌学原因采取有针对性的辅导措施。

学生厌学的原因很多，有外部的和内部的。外部因素非班主任所能改变的，暂且不论。从学生内部因素考虑，大致可以分为心理压力大而导致的倦怠型厌学，经常学业失败而引起的自卑型厌学，心智不成熟、学习适应困难而引起的适应不良型厌学等。

①倦怠型厌学

这些学生中不乏班主任心目中的好学生。第一，要为他们进行心理减压的辅导，教会他们放松身心的方法；第二，要让他们辩证地看待压力，压力是进步的动力，压力具有双重性，要用积极的眼光对待压力，把压力看作是对自己的挑战与机遇；第三，专注于自己的学习，不要总是与别人比较。不恰当的社会比较，会破坏自己的心态，分散自己的注意力。人的精力和时间是有限的，成功的人往往能够集中精力专注于自己的学习与工作。

②自卑型厌学

关键在于提高他们的自我效能感。班主任要传递给学生这样的信念：一要永远对自己抱有信心，永不放弃，尤其在遇到挫折与困难时，不要轻易地放弃，丧失信心；二要相信每个人的能力都是可塑的、变化的、发展的。一个人对于自己的能力产生思维定式，把自己的能力凝固化是不可取的，这样容易自卑，遇到困难就会认为自己"江郎才尽"。

③适应不良型厌学

班主任要培养他们良好的生活习惯和学习习惯，增强其独立性和责任心，使其逐渐学会对自己的事负责，要合理运用奖励惩罚，激励他们努力学习。

三、考试焦虑心理辅导

1. 考试焦虑现象

焦虑是由紧张、不安、忧虑、担心、恐惧等心理感受交织而成的复杂情绪状态。焦虑大多是因为感受到外界对自身的威胁和内心冲突而引起的，不过这些威胁一般是想象成分多于真实成分，焦虑中的人往往夸大威胁的严重性。它可以是正常的，也可以是病态的；它可以是偶尔发生的，也可以是持续存在的。考试焦虑是学生常见的情绪问题。

考试焦虑是指在考试前出现的焦虑反应行为。它是由于学生担心考试失败所引起的紧张情绪，表现为临考或考试时高度紧张，造成水平无法发挥，致使考试失败。考试焦虑会引起一系列的生理与心理反应，学生会出现注意力分散、思维迟钝、记忆困难等。心理反应通常还伴有头痛、紧张、发抖、呼吸困难、胃痛，严重者会有心悸、呕吐、腹泻、四肢乏力、手脚麻木等症状。有些学生的考试焦虑是一时性的，大多在考试前出现；而有的学生的焦虑是经常性的，表现为时时焦虑不安，经常性失眠、做噩梦，体质虚弱。考试焦虑不但影响学生的学习，而且影响学生的身心健康。

东东的学习成绩很好，而且担任班长，在学校的各种竞赛中经常获奖。考入重点高中，他非常兴奋和高兴，并对自己充满了信心。他想通过自己的勤奋和努力，取得比初中时更优异的成绩。但刚入学的摸底考试，就让他大失所望。在极度的痛苦之后，他又振作起来，更加勤奋和刻苦，但期中考试的成绩仍不理想。于是东东开始怀疑自己，考试期间常常认为别人比自己强得多。他怀疑自己并不像原来那样聪明。考试之前，他常常缺乏信心，精神紧张，并伴有呕吐、恶心、小便频繁、睡眠不佳等生理症状。

2. 考试焦虑的原因

①对考试的意义与价值估计过高

由于对考试的意义估计过高，所以心理压力过大，对考试成绩过分担忧，惟恐考试结果不理想，越担心越紧张，直至演变为焦虑症。

②自我期望水平过高

自我期望水平超过实际水平，目标定得过高，造成理想目标与现实水平之间差距较大，由此可能导致内心中的矛盾与冲突，从而引起紧张感。

③自信心不足

一些备考的学生对自己缺乏信心，总怀疑自己的能力，因而在考试时经常担心失败、害怕失败，结果，越担心，越害怕，越紧张。

④过强的消极体验引起的条件反射

偶尔一次考试，因准备不充分、气氛过于严肃、遇到了难题等，产生了一些紧张感或焦虑感。这种消极体验可能会成为一种信号，使当事人建立起一种消极的条件反射，成为一种稳定的行为反应。

3. 心理辅导方法

对有严重考试焦虑并已产生不良影响者，应引起班主任的高度重视。班主任不应该对此类学生讽刺、挖苦，应分析焦虑产生的原因，消除焦虑产生的外因。如父母对子女的期望是否过高？是否要求孩子每次考试必须考很高的成绩？当孩子考不好时，是否唠叨甚至打骂？如果是，那么要求父母放弃对子女过高要求，不要把子女与别的孩子相比较，更不要斥责、打骂孩子。只要孩子努力了，比过去有所进步，父母就应该加以赞赏。如果学生自己对自己要求过高，好胜心强，竞争意识过分强烈，也要教育他正确看待成功，放弃过高的自我要求，根据自己的实际情况，树立切实可行的目标，让其能有成功的体验。建立目标时不应急于求成，好高骛远。班主任和父母也不要说"你看人家某某总考第一，你怎么就不能跟人家学一学"之类的话，尽量避免与他人作横向的比较，而应鼓励学生多作自我比较。要鼓励学生增强自信心，可以通过自我质辩的方法，对困扰自己的疑问进行自我批驳。如针对"我的成绩总赶不上别的同学"的想法，自己回答"我真的很差吗"，指导学生进行自我鼓励，通过口头语言或书面语言给自己打气。自信心增强了，紧张、焦虑情绪就能得到有效的缓解。

引导学生正确对待考试失败引起的挫折，不要把考试结果看得太重。让学生明白，通过考试重要的是发现自己的长处与不足，并且通过努力能提高自己，而对别人的看法不必多加在意，失败并不可怕，可怕的是被困难和挫折压倒。鼓励学生振作精神、战胜挫折，以轻松的心态去学习。班主任还可以帮助学生在考试前分析此次考试失败的后果，让他心理上有所准备，并帮助他消除这些顾虑。比如，让学生考前写写考坏了会怎样，他会写"让人看不起，父母不满"等。让他提前知道考试的后果，心理上有所准备。另外，班主任可以提前做父母和同学的工作，以友好的态度对待他，不可以讽刺和讥笑他。教学生学会放松，也不失为消除考试焦虑的一个好的方法。具体方法是：在紧张情境下，让学生舒适地坐好，放松全身的肌肉，深呼吸，让身体的放松带来情绪的放松。有些学校自编了放松操、保健操，坚持让学生每天课间做一遍，效果很好。

第二节　人际交往心理问题辅导

一、性格孤僻心理辅导

1. 关注性格孤僻学生

安琪的爸爸常年在外打工，妈妈是个哑巴，在家里从来就没有人和她交流，所以上课时她从来都不会主动举手发言，每次我提问时，她的脸马上"刷"地一下就红了，然后就是低头不语，或者用比蚊子叫还要小的声音嗫嗫嚅嚅；有同学在活动中获得了荣誉，大家兴奋不已，只有她冷漠而不关心；在和同学的交往方面，安琪也是一个人独来独往。久而久之，同学们好像都忽略了安琪的存在。

性格孤僻的学生常常被班主任或任课老师忽略，因为他们在班上孤独离群，但是不表露自己，很少有行为问题。他们外表的平静并不能代表内心的安宁，其实他们更加需要班主任的心理关怀。内向性格的学生由于平时在班级里不闹事，往往不为班主任所注意，容易成为班主任工作的盲区。

2. 学生孤僻的原因

学生产生孤僻心理，一般有如下原因：

①性格内向

有些学生的性格内向，不经常与身边的人交流，喜欢沉浸在自己的世界里。内心的平静，对人的心理健康是非常重要的，这使我们可以静静地思考生活中许多深层次的问题，从而更好地进行人际相处。但是过于封闭、不与别人交往的内向，常常会引起抑郁情绪，影响个体的心理健康和社会功能。

②缺少安全感和信任感

有些孤僻的学生可能由于自己经历了负性生活事件，对同学缺少信任感，与同学交往缺少安全感。

③自尊得不到满足

自尊是青少年内心最重要的需求之一。引起学生自尊心受损的情况有许多。如身体异常，羞于见人。由于身体某些方面的异常特征（如五官、手、脚异常等）常常遭人嘲笑，自尊心很受伤害，故不愿与同学多交往。再如，学业时常失败，没有成就感，没有勇气面对现实；还有学生因为家庭社会经济地位低，自己就认为低人一等，自尊受到伤害。

3. 心理辅导方法

①帮助学生正确认识自我

一些学生身体上存在缺陷，这是导致他们自卑的原因，班主任可以鼓励他们扬长避短，发展多种多样的兴趣和特长，转移他们的注意力，不再将注意力集中在自己的身体缺陷上。班主任还可以为他们提供展示其长处的机会，使他们在成功的体验中增强自尊与自信。

②增强学生的集体归属感

班主任要鼓励学生多参加学校、班级以及小组的各种活动，让他们学习如何与别人交往。班主任可以根据学生的兴趣或特长来鼓励他参与活动，若对美术特别有兴趣，就让他给缺少美术爱好者的小组担任黑板报美术顾问，和同学们一起出黑板报。利用这样的小团体消除他的紧张不安，让他感受到被别人需要、受别人肯定的快乐，这将有助于他在社交上继续进步。班主任也可以请班级同学合作，运用社会性强化（称赞和认真倾听）来鼓励他在集体活动中发挥长处，从容自如地表现自己，这样可以增强学生对班级的归属感，克服孤僻心理。

　　一位初中班主任，她的班上有一个女生父母离异，一直和母亲住在一起。在特殊的家庭环境中成长的她个性很倔，既自卑又要强，很少与同学来往，性格孤僻，学习较差，并常与社会上一些不三不四的青年混在一起。这位班主任每次找她谈心，都开导她要增强自信，克服自卑，同时安排部分同学多接近她，从生活到学习各方面多帮助她。班主任知道她爱唱歌、跳舞，在学校的文艺汇演选拔赛中，让她参加了班里的节目排练。她感到很意外，也感受到班集体的温暖。一年里她的转变很大，成绩跃居中等。她在日记中写到："……我感觉到生活都充满了阳光……"

　　③从学生爱好出发

　　一般来说，性格孤僻的学生不爱说话，尽管有时他们对某一事情特别关心，但也不愿主动开口。因此，班主任在与之相处交谈时，要主动启发诱导，要善于选择话题。只要说话的内容触及到他的兴奋点，他便能够敞开心扉与班主任交谈。如有的性格孤僻的学生喜欢体育或文学、美术，有的学生喜欢看动画片等，班主任若以这类话题作为交谈的切入点，就很容易将谈话深入进行下去，还能为以后的进一步交往奠定基础。

二、嫉妒思想心理辅导

1. 嫉妒思想的表现

嫉妒是一种自私、气量狭窄、不能容忍他人的负面心理状况，大多数的班主任都有可能会遇到好嫉妒的学生。嫉妒不但破坏自己的情绪，还会使人心态失衡，失去正常的判断力，破坏人际关系。

2. 嫉妒产生的原因

①环境因素

在一个人的孩童时期，一般情况下并没有什么病态的心理问题产生，但如果孩子的家庭环境有问题，父母的言行身教有问题，就很容易让孩子的性格、心理以及行为模式有很大的改变。比如家庭不和，父母对孩子关心少、表现得比较淡漠，让孩子感到家庭的冰冷，就很有可能让孩子羡慕别的孩子有疼爱自己的父母，这种羡慕在一些情况下就很有可能会变成嫉妒。

②个性因素

有些学生好胜心强，做任何事情都喜欢争第一。还有一些嫉妒心理更严重的学生，他们不能够容忍别人在大家心目中的好形象，也不能够容忍别人在其他人面前"出尽风头"，这总会挑起他强烈的嫉妒心理，甚至要想方设法对这个"爱出风头"的人进行打击报复。

3. 心理辅导方法

①认清嫉妒危害

一到下雨天，雨伞就得到主人的重用，因此，它过得很快活。可好景不长，雨衣得到了重用，雨伞感到非常失落，对雨衣的态度很快由美慕变成了妒忌。一天，雨衣刚工作完，就舒舒服服地躺在一边睡起觉来。雨伞觉得这是个大好的机会，于是就来到雨衣旁，用伞头把雨衣扎了个大洞。干完了这一切，它满意地回到了角落。又是一个雨天，主人把雨衣拿出来，发现有个破洞很心疼。他于是就用剪刀从雨伞上剪下来一块布，缝在雨衣上。因为主人的手巧，补丁变成了一朵美丽的花，雨衣比以前更漂亮了。而雨伞却被丢在了垃圾箱中哭泣。妒忌者的痛苦比任何痛苦都大，因为他既要为自己的不幸而痛苦，又要为别人的幸福而痛苦。

班主任要帮助学生认识嫉妒的危害：嫉妒心理是一种于人有害、

于己不利的心理问题。妒忌者常常处心积虑、耗费心机去算计别人，消耗了自己的大部分的精力，学习也因此耽误了。妒忌他人的优越性，内心会很痛苦。班主任可以将上面这个雨伞与雨衣的故事讲给学生听。

②认识自身优点

班主任要引导学生学会全面地认识自己，既看到自己的长处，又正视自己的差距，扬长避短，开拓并发挥自身的潜能，不断提高自己，力求成绩有所进步；并让他认识到：目前成绩退步，是因为他没有完全看到自己的优点，把自己看得一无是处，感觉什么都不如别人，更没法把心思放在学习上，因为他把精力放在妒忌他人上，于己于人都是有百害无一利的，只有傻瓜才做这种傻事，目前最重要的是要学会欣赏自己。请求任课老师配合：对于他的点滴进步，给予肯定，让他重新树立自信心，因为自信的人是不会妒忌的。

③提高心理承受力

目前学习竞争非常激烈，成绩难免有进有退，如果学生不能提高自己的心理承受能力，一旦遇到挫折就很容易一蹶不振，沉沦下去。有些学生成绩退步了，就担心班主任失望、父母伤心、同学看不起，给了自己过大的压力。班主任要帮助学生进行自我调节，不断地总结学习的经验，不断地改造学习方法，体验自己一丝一毫进步的快乐，淡化因退步或成绩波动带来的痛苦。

第三节　思想品德心理问题辅导

一、违反纪律心理辅导

1. 违反纪律的现象

目前，在中小学中，学生在课堂上不守纪律、乱动、乱接话茬、交头接耳是班主任们最无法容忍的现象，是"万恶之首"。班主任上课时往往强调课堂纪律，把学生是否安静地听讲、课堂上是否出现捣乱行为作为评价一堂课的标准。在作总结时，经常可以听到某一位班主任说："今天上课秩序很好，没有同学讲话，课堂上很安静。"在对某一落后学生进行评价时，班主任最常使用的句子是"某某同学今天表现很好，上课时没有破坏纪律，十分安静"。班主任们似乎认为，只要没有捣乱行为的课就是好课，只要课堂上安静，就说明学生们在听讲，在认真学习。

2. 心理辅导方法

①了解学生心理特点

我们先要了解学生的心理特点，了解他们的现有水平，包括现有的智力水平、价值判断水平和个人所面临的发展任务。不守纪律可能是智力水平跟不上班主任的讲课水平，学生听不懂，听不懂自然要讲话、捣乱，学生破坏纪律还可能是年龄太小，对什么是约束没有认识，不知道守规则，对这种孩子则应使用一定强制的方法。学生不守纪律还可能是由于没有形成勤奋感，没有养成良好的学习习惯，不知如何投身于学习。

②教会学生规则

班主任对学生纪律约束的抱怨是千篇一律的，一些班主任总是一再向违反纪律的学生说不要说话、不要干别的事情，而无视学生的年龄特点和具体环境，用这一方法来制止学生这就好像是对不同的患者开同一个药方。班主任固执地坚守防地，而学生则总是试探着能否突破这一界限，所以上课的质量自然是不尽如人意的。

显然，班主任这单一的、绝对化的要求是不可取的，它容易导致学生抵触情绪。另外，自由放任也是不对的，有些班主任完全无视学生说话，仍然若无其事地讲课，认为只要内容有意思，学生就会被吸引来。这种消极的态度对于教学也是不利的，同样达不到教学的效果。

二、说谎行为心理辅导

1. 学生的说谎现象

李华学习很好，李爸爸对自己的儿子很满意。但一天下午，他回家后，儿子向他汇报说，自己已做了3套数学、语文卷子，并且用复读机听了英语。他一听，非常高兴，表扬了儿子。但是没过一会，李爸爸在儿子房中一看，发现复读机根本没有动过。

"不听英语没关系，可儿子为什么要骗我呢？"李爸爸说，儿子平常都自由支配学习时间，并不会偷偷出去玩，而且这几个小时确实是在学习中度过的。

无论是好学生还是坏学生，说谎的现象都是存在的。面对学生的谎言，如果教育者不能即时识破谎言，并采取恰当有效的教育方法，则往往不能让学生悔悟。尤其是那些经常撒谎却总能蒙混过关的学生，教育者更因谨慎处理。有的班主任在处理这些问题时，往往由于经验不足被学生的谎言欺骗，或者因为勃然大怒而采取过火行为，这些都导致学生产生严重的抵触心理和逆反行为，使问题得不到有效解决。因此，对于这些说谎的学生，好多班主任都深感头疼。

2. 说谎的原因

学生说谎不是孤立的心理活动，学生说谎可能是一个因素引起的，也可能是多个因素共同作用的结果。班主任要了解学生说谎的原因，来判断学生的说谎是一时的还是习惯性的，习惯性的说谎需要班主任格外重视。

①家庭环境的影响

家庭是儿童社会化的重要场所，对青少年心理和行为的发展有着非常重要的影响，家庭结构、家庭凝聚力、家庭冲突和沟通、父母教育水平、父母惩罚等因素对孩子的说谎行为有着很重要的影响。

父母是孩子的第一任老师，是孩子最初行为模仿和习得的对象。因此，如果做父母的经常撒谎或者对孩子许下诺言而不实现，则往往影响孩子的行为，使他们也模仿说谎。

过分严厉的家庭教养氛围往往使孩子变得胆小怕事，犯了错误或者成绩考得不好生怕被父母知道，不敢把真实的情况告诉父母，只好隐藏不说或者干脆撒谎，一旦撒谎成功躲过父母的惩罚便沾沾自喜，并在以后的情境中故伎重演。另外，专制型家庭的父母往往无视孩子的独立人格，事事指责干涉，也容易激起孩子的逆反心理，于是"有话不好好说"，故意说谎刺激、报复父母。

②同龄人的影响

同辈群体是学生离开家庭后主要的群体活动组织。学生进入青春期后，随着自我意识的逐渐加强，开始重视自己在同龄人中的地位和评价，同时模仿学习的对象也从父母那里转移到同龄人身上。在这些同辈群体的活动中奉行保密性和一致性原则，讲究义气。因此，如果群体的氛围就是爱说谎、不负责任的话，则个体也往往以此为榜样，以求一致和认可。同时，在犯了错误后，因为义气和保密的原则也往往以说谎来显示自己的"忠诚"。在教育工作中，我们经常会发现这样的学生。

③结果的强化

学生说谎的时候，大多都抱有一种侥幸心理。那就是：如果你能识破我的谎言，那么我就只好承认，万一能蒙混过去，就可以摆脱惩罚，万事大吉。所以，大多数学生在这种侥幸心理的驱使下，本能地选择了说谎这一不是手段的手段。而一旦尝到了说谎带来的甜头，便会进一步采取更高明的手段进行说谎，导致恶性循环。

④达到自我目的

说谎的学生在很大程度上是为了避开班主任或家长的批评、责备和惩罚。教育实践经验表明，做了错事的学生在过于严厉的班主任或家长面前最容易说谎，特别是在积累了自己或他人在以前因撒谎而逃脱惩罚的经验时，更容易采用谎言来"自卫"。

⑤弥补错误

有的学生因为做了难于启齿的事，或者自以为很丢面子的事时，为了在班主任或者同学面前保住自己的自尊而用谎言来掩盖。这类说谎行为多数是受家长或同学的虚荣价值观念的影响形成的。对于这种类型的学生，班主任在做教育工作中就要注意方式和方法，尽量不要戳破孩子的那份自尊，对他的谎言要婉转地引导和启发。

3. 心理辅导方法

心理学家黄学俊认为，由于家庭、学校以及社会的影响，以及学生辨别是非的能力不强，学生成长过程中所特有的年龄与个性心理上的特点的影响，可能导致学生违背行为规范的越轨行为。因此对于学生的说谎行为，班主任既要有充分的心理准备又要全面了解学生的说谎心理，尊重事实，重视调查，在掌握真实情况的基础上具体分析，正确引导，使学生信服，主动地改变自己的说谎行为。

①观察学生的说谎行为

一般来说，学生在说谎时，内心总是胆怯的。因此总会有一些异常的外显行为，如果班主任能够捕捉到这些信息，然后进行突破，则往往能使学生吐露真情。比如，学生在讲话时不停地搓手指，眼睛不敢直视班主任，语音微颤，脸色变红，声音异常高甚至过分地强调某一句话，手心、眉心冒汗等。

②分析学生的说谎目的

学生说谎的目的可能是多样的。正如前面所分析的那样，有的是为了躲避惩罚而采取的自我保护措施，有的是为了对不公平的反抗和叛逆。因此只有弄清楚学生说谎的真实目的才能有的放矢，采取不同的教育措施。

③寻找问题的突破口

说谎的学生一般具有很强的戒备心理和抵触情绪，因此班主任在和他们谈话时要善于寻找解决问题的突破口，不要一开始就板起面孔一派审讯犯人的架势。有说谎经验的学生往往听惯了训斥，耻辱感淡薄，所以对班主任的一般劝说往往无动于衷。如果班主任能抓住某些事件或证据，激起他们内心的震动或情绪波动，而后给予启发诱导，常常能促其转变。

④耐心教导学生

学生的说谎行为的矫正绝不是通过一两次教育谈心就能实现的。一种不良习惯的消除，一种良好行为的养成，往往经过多次反复才能真正转化成功。因此，班主任对于说谎的学生要有充分的思想准备，坚持教育的连续性，耐心转化，持之以恒。

第四节　生活情感心理问题辅导

一、依赖型人格心理辅导

1. 依赖型人格的表现

孟贝，女，小学二年级学生，身体健康，聪明可爱。在家她是独生子女，父母、爷爷奶奶对她都十分地溺爱，她被视为掌上明珠，这从给她起的名字就能看出来。所以，她自小就是衣来伸手、饭来张口，父母什么也不要求她做，有时甚至想洗洗小手帕也不让。

跨进学校大门，便离开了父母家人，孟贝不能正常地学习、与人交往，显得孤独又胆小，在教室里坐不安，经常哭闹要回家，有时父母送来，她逮着父母不让走。

依赖及依恋的情感是普遍存在的，对他人某种程度的依赖对个体来说是适应，但是过分的依赖可能就会产生心理问题。所谓"依赖型人格"，是指对亲近与归属有过分的渴求，这种渴求是强迫的、盲目的、非理性的。他们宁愿放弃自己的个人喜好和观点，只要能得到别人的肯定，就心满意足了。这种处世方式使得他们越来越懒惰、脆弱，缺乏自主性和创造性。

依赖型人格主要表现有：

①在没有得到他人的建议和保证之前，对日常事物不能作出决策。

②无助感。让别人为自己作出重要决定，如在何处生活、该选择什么职业等。

③被遗弃感。明知他人错了，也随声附和，害怕被别人遗弃。

④无独立性，很难单独展开计划或做事。

⑤过度容忍，为讨好他人甘愿做低下的或自己不愿做的事。

⑥独处时有不适和无助感，或竭尽全力以逃避孤独。

⑦当亲密的关系终止时感到无助或崩溃。

⑧经常因有遭人遗弃的念头而受到折磨。

⑨很容易因未得到赞许或遭到批评而受到伤害。

青少年处于心理发展快速期，人格尚未定型，真正有依赖型人格障碍者极少，但是存在依赖型人格倾向的有一定比例。依赖型人格倾向具体表现为：生活难以独立，缺乏自信，不论大事小事都需要家长、老师、同学帮助，遇事优柔寡断，缺乏判断、决断能力，总是依赖别人为自己作出决定。

2. 依赖型人格的产生原因

有关研究表明，依赖型人格倾向的形成有遗传生理因素，但主要是环境因素。

①生理因素

人们观察到，一些婴儿在出生时就表现出了害怕、孤独和忧郁的气质，这些气质特点既赢得了父母更多的关心和保护，也因为得到了父母更多的关心和保护而持续存在并有所发展。人们还观察到，依赖型人格障碍者多有内胚层体形（肥胖、笨重）和外胚层体形（瘦小、虚弱）。这些观察结果提示依赖型人格障碍可能具有一定的生物学基础。

②过度保护

当孩子不能应付环境压力时，父母应该提供相应的支持和帮助，以增加孩子的生存机会。但是，父母因为考虑到"安全"而不让孩子试着去面对环境压力，或无视孩子已经具备应付环境压力的生理、心理基础，仍然一味地包办代替等，便属于过度保护。过度保护是一种非理性的"疼爱孩子"，其结果是剥夺了孩子发展能力的机会，使他们应付环境压力的能力不随年龄的增长而增长，能力发展滞后于年龄发展，使孩子们极容易图方便寻求父母的支持和帮助。而父母一味地过度保护就会把依赖性植入孩子的行为模式。

③社会角色偏见

由于依赖型人格倾向者多见于女性，曾有学者推断，依赖型人格障碍源于女性固有的依赖倾向。这种观点因带有明显的性别歧视，故一直受到女权运动者的反对。跨文化研究发现，女性的依赖性是文化赋予的而非性别所固有；进一步的研究还发现，如果一个人接受了社会所赋予他的依赖性社会角色，他便会有依赖性行为，甚至还可能发展成为依赖型人格障碍。

3. 心理辅导方法

班主任可以采取以下一些方法帮助学生克服依赖心理：

①帮助学生树立自信心

具有依赖型人格倾向的学生普遍具有不自信的弱点。只有充分自信才能彻底地改正依赖于他人的习惯。

人们只有鼓起勇气去做某件事，才会因为这件事的成功而树立起自信。班主任可以鼓励学生选择一些以前没有做过的事情来做，如独自一人参加一项娱乐活动或到附近的景点作短途旅行等。班主任要让学生坚持锻炼自主意识，学生就一定可以重拾勇气、学会自立，并矫正依赖他人的习惯。

②重建理性的认知

班主任要帮助学生树立一些正确的观念，例如依赖行为有"利"也有弊：依赖虽然省事轻松，却使自己失去了发展能力的机会；能依赖别人虽然是一种"福"，却体验不到成就感；克服困难不仅能发展自己的能力，而且还能够体验到依赖者所不能体验的、十分激动人心的"成就"感。

二、懒惰行为心理辅导

1. 懒惰行为的表现

懒惰不仅指学生在生活方面的懒惰，如爱睡觉、不帮家长做家务、自己无法照顾自己等，还包括学习上的懒惰，如产生厌倦学习的情绪、不爱做作业、怕吃苦、不勤奋等。懒惰的学生，只想玩乐，一提到读书就无精打采，不愿去做，勉强去做，总是拖拖拉拉，做起来也是敷衍了事，或是半途而废，很少有成功的把握。因此，懒惰的学生的学习成绩一般都是不太理想甚至是落后的。

小宏是小学六年级的学生，平时就没有帮父母做家务的习惯，从来不自己洗衣服，衣服、袜子脏了往盆里一扔，晚上不洗澡就去睡觉。每天放学回来，从不主动做作业，而是看电视或找伙伴玩，或者自己找一些东西玩。每天做作业都得家长再三催促，即使去做作业，也是一边做，一边玩笔、尺子、刀子等学习用具，或听广播，或看动画片，每天都要拖得很晚才睡，而作业却常常做不完。第二天早晨，他更是懒得起床了，家长叫了多遍才勉强起来。由于小宏的懒惰，每次考试成绩总是不理想。

学生的懒惰行为的表现多种多样。在学习方面，表现为上课不爱动脑，不爱回答班主任的问题，不爱写作业，写作业拖拖拉拉、敷衍了事等；在家庭生活方面，表现为不愿意帮助家长做家务，好吃懒做，如不帮父母洗衣服、洗碗、收拾房间等；在个人自理自立能力方面，表现为缺乏自我控制能力，没有良好的生活习惯，不能自己照顾自己的生活，如不讲究个人卫生，带不齐全学习用具等。在学习上懒惰的学生往往在其他方面也是如此，由此，我们可以通过学生在学习方面的表现，去推断他在其他方面的行为。

2. 懒惰行为的产生原因

学生的懒惰行为可能有多种原因，它与学生的家庭教育、学校环境及学生本人的生理、心理因素密切相关。有的学生的懒惰与父母不良的教育方式有关。有的父母对子女采取溺爱的教育方式，事事包办代替，不让孩子自己动手，忽视了孩子动手能力的培养，从而养成了孩子凡事依赖的心理，什么事都不会做也不愿做；有的父母对子女过于严厉，什么事都叫孩子自己去做，当孩子遇到困难又不能圆满解决时，便会产生挫折感，以致降低了对学习的兴趣，心灰意懒，以致放弃一切；还有的父母对孩子放任不管，孩子因缺乏父母的指导，遇事不能应付，也不敢去尝试，偶尔尝试一次，也因盲目而失败，因而士气大大降低，最终变为懒惰。学生的懒惰行为还与班主任对学生的态度与教育、教学方式有关；班主任在教学中，只照顾好学生而忽视一般学生和学习困难的学生；班主任在处理问题时有失公正；班主任在教学中，教学方法机械单调，缺乏灵活性和生动性，课堂气氛沉闷，不能引起学生的学习兴趣，也是形成学生学习懒惰的重要原因。

学校为了追求升学率，班主任留的作业偏多、偏难，使有些学生产生了畏难情绪，久而久之，便形成了学生的懒惰。由于要做的作业对于他来说太多、太难，引起他的紧张焦虑，于是拖着不去做，这样做对于他来说，也是一种自欺手段，他可以对自己说："我太懒，要不然，我能做好这件事。"因而也就不承认自己的能力不足。这种懒惰表现为拖时间，不到最后期限不做。还有的学校不重视校风建设和价值观的培养，学生缺乏远大的志向，不是在学习上比学赶帮超，而是在生活上比吃比穿，不思进取，最后不爱也不愿意学习。

学生个体的心理因素也是形成学生懒惰的重要原因。有些学生的懒惰源于挫折，由于考试失败或学习成绩不理想而心情沮丧，于是心灰意懒，什么事都不愿意做。这种懒惰者不仅不愿意学习，就是连别的活动也懒得参加。还有些学生是出于报复心理，由于受到了父母的责骂或者不公平的待遇，引起愤恨心理，于是大人让他做的事他不做，让他读书他不读，看到父母和班主任越着急，他越满足，这种懒惰实际上是一种消极的反抗行为。还有的学生由于天资优异、能力非凡，可以在短时间内轻而易举地做完拖了很久的事，他们为了炫耀，也会表现出懒惰，或因才华没有机会表现，从而变得懒惰。还有的学生对什么都缺乏兴趣，对任何刺激都反应迟钝。

中小学生的懒惰行为还可能与学生的生理特点有关。如身体虚弱，容易疲倦，做事感觉吃力，因此不喜欢学习；或者自身能力不足，反应缓慢，不易成功，感觉不到兴趣，因而懒惰；或者大脑神经类型属于弱型，容易疲劳，注意力容易分散，因此不喜欢学习而形成懒惰。

3. 心理辅导方法

矫正中小学生的懒惰行为，首先应查明学生懒惰行为形成的原因，然后再对症下药，采取相应的措施矫正学生的懒惰行为。一般来说，矫正学生的懒惰行为应从以下几个方面着手：

①帮助学生认识懒惰的危害

班主任要让学生了解到懒惰的危害性。懒惰导致人悲观厌世，懒惰让人没有目标、没有理想；懒惰的人时常怨天尤人，但又不肯去追求，可能会有很多机遇，但他们从来就抓不住机遇，因为他们根本不相信机遇会给他们带来财富，等等。

②帮助学生制定计划

班主任引导学生制定学习和生活计划，学会合理安排自己的时间。我们说一个人不是与生俱来的懒惰，主要是没有原则和制度要求。制定计划后，学生对自己的计划执行起来更仔细，从而达到更好的教育效果。

③建立监督机制

学生的不良习惯一旦养成，即使制定了计划，由于自制力差，还会反复。因此应当建立监督机制，让班主任和家长了解学生的计划，在校班主任监督，在家家长监督。另外，还可建立学生相互监督机制，让学生自己有强烈的约束感，并能积极接受大家的监督，在学校形成今天的事情今天做的良好习惯，彻底改掉"明日复明日"的思想。

第五节　自我认识心理问题辅导

自我认同是指个人对自己的本质、信仰和一生中的重要方面前后一致的比较完善的意识。具体地说，自我认同感高的个体有以下人格特征：感到自己是一个独立的、独特的、有个性的个体；对自己常常有正向的情感体验，喜欢自己、欣赏自己；对自己的现在和未来有信心；表里同一，很少有双重人格。

自我认同是青少年时期主要的发展任务。美国心理学家埃里克森指出，自我认同的形成是青少年人格成熟的重要标志，如果个体在这一时期的同一性危机得不到解决，就会在成长的道路上自我迷离、停滞不前。对于青少年来说，危机的焦点是身份认同的混乱，即"我是谁"的问题。由于青少年的社会角色很难确定，不是成人也不是孩子，因此常常会产生角色混乱。

自卑和自负是两种学生容易产生的自我认同问题。

一、自卑心理的辅导

1. 自卑心理表现

著名主持人白岩松和张越也有自卑的历程。白岩松在上大学的第一个学期，因自己是从一个北方小城到北京读大学，他认为出生于小城，肯定被那些来自大城市的同学瞧不起，所以他一学期不敢和同班女同学说话。张越在自己的学生时期，因为自卑不敢穿裙子，不敢上体育课，她疑心同学们会在暗地里嘲笑她，嫌她肥胖的样子太难看。

自卑心理，有时也称自卑感，指的是一种因对自己的能力及某方面的心理品质的评价偏低而产生的不如别人的一种消极自我信念。自卑强烈的学生常常自我评价偏低，总觉得自己一无是处，缺乏进取精神，行为退缩，孤独离群等，甚至出现自闭、自伤、自杀等极端行为。

2. 自卑心理的产生原因

自卑心理的形成原因是综合性的，有内部因素，也有外部因素。这里主要分析内部心理因素。

一般来说，怯弱的性格、抑郁的心境、失败的经历等都会使人产生自卑。性格比较内向的学生在学业失败时比较容易产生自卑，这些学生往往对自己缺少信心，过分夸大自己的不足和学习困难，常常会因成绩不好而感到内疚和羞辱。自卑与自尊是密切联系的。一般来说，自尊心较强的学生在挫折情境中可能会产生两种反应，一种是自强不息，另一种则是自卑，若能正确面对失败，便会坚持努力不息；但若把失败看作是对自尊的威胁，便会产生自卑情绪。

除了个人内在心理因素，还有身体因素和环境因素都是不可忽略的。

3. 心理辅导方法

班主任发现学生存在自卑心理后，要立刻帮助学生克服这种心理，以免情况加深。

①认知辅导

美国心理学家艾利斯的"情理治疗"理论认为人的情绪性质与认知评价有关，在外界的刺激和我们的情绪反应之间有一个"认知评价系统"作为中介，即事件—信念和观念（认知评价）—情绪反应。消极心理的产生表面上是由于客观事件或刺激引发的，但实际是由于自己错误的观念造成的。一个人完全可以改变对客观事件的评价方式，把消极的刺激变成积极的反应。因此，要改变自卑心理，首先要改变学生的错误认知，让学生明白虽然自己某一方面不如人家（例如学习成绩差、家境贫困等），但自己也有别人没有的潜能（例如美术方面的才华、吃苦耐劳的品质等），只要充分发挥自身潜能，扬长避短，将来也能有所作为。同时班主任还可以结合身边的实例，鼓励学生树立信心，提高自我评价水平。

②恰当归因

学生在学习生活上常常体验着成功与失败。但由于受自我认识、自我评价能力的局限，他们还不能对成功与失败做出全面也客观的评估。尤其在少年期，他们常凭一时的感觉来评价自己。成功会使其沾沾自喜，自以为是；相反，失败又会令其对自己产生怀疑，而且多次的失败，会使人悲观失望，感到极度的自卑。美国心理学家韦纳的"成功与失败归因"理论认为，如果把行动失败的原因归为内在稳定的因素，个体就会认为自己的个性能力有问题，易产生自卑心。因此，对失败的正确归因，有利于提高学生对挫折的承受力，有利于心理调适，增强自信心。例如，一个学生平时成绩一直都很优秀，但期中考试却很不理想，他因而十分苦恼。班主任可以帮助这位学生进行恰当的归因：如果大家的都不是十分理想，那原因有可能是试卷难度比较大（外在稳定的归因），如果只有自己失常，那有可能是这次考试时自己太紧张了

（外在不稳定的归因），如果成绩持续不理想了，那有可能是自己努力不够或学习方法不对（内在不稳定的因素），只要运用有效的学习方式，加倍努力，定会改变现状。

③积极期望

美国心理学家弗罗姆的"期望"理论指出，当人们内心产生某种需要时，又有达到这个需要的明确途径和实现这个需要目标的可能性时，往往表现出个体的主动性和创造性来。因此，班主任应努力建立一种温暖的相互尊重的集体氛围，使每一个学生在学校都能感到受人尊重和关心，并能与集体中的其他人融为一体。为此，班主任应做到对学生一视同仁，充分了解他们的各自的长处，相信每个人都是有潜力的，都有自我实现的需要，给心理自卑的学生提出通过努力可以达成的目标。同时予以积极地期望，加强他们的信心，加强他们的勤奋感，他们的努力尤其要予以支持。当他们有所进步时，班主任给予及时的奖励和表扬，使他们从中体验成功的快乐。

④参与活动

学生心理的发展变化都离不开活动。学生并不是直接被动地接受遗传和环境的作用，而是通过积极活动，适应、改变着周围的环境。所以活动也是教育者实施影响的一个重切入点。参与活动要求学生通过活动来改变自己的态度，并在交往中得到别人的启发和教育。如在"优点轰炸"的心理辅导活动中，认识自己的优点，看到同伴的长处。学生可以在学校活动中通过与其他同学的交流，施展自己的才能，赢得同学们的尊重和信赖。

二、自负心理辅导

1. 自负心理的表现

自卑心理的另一个极端就是自负心理。自负是学生自我感觉过于优越，不恰当地夸大自己的长处，无视自己不足的非理性自我评价与体验。自负与自卑都是学生心智不成熟的表现，都需要进行心理辅导。

2. 自负心理的产生原因

①过分娇宠的家庭教育

家庭教育是一个人自负心理产生的第一根源。对于青少年儿童来说，他们的自我评价首先取决于周围的人对他们的看法，家庭则是他们自我评价的首要参考对象，非常重要。父母宠爱、夸赞、表扬，会使他们觉得自己"相当了不起"，形成自负心理。

②生活中的一帆风顺

人的认识来源于经验，生活中遭受过许多挫折和打击的人，很少有自负的心理，而生活中的一帆风顺，则很容易养成自负的性格。现在的中小学生大多是独生子女，是父母的掌上明珠，如果他们在学校中成绩优秀，表现出类拔萃，班主任又宠爱他们，就会养成自信、自傲和自负的心理。

③片面的自我认识

明川是一位学习成绩较为优秀的学生，他个头大、身体结实，因而班主任让他担任了体育委员。他对工作十分认真负责，对班主任布置的任务都极力完成，而且工作态度认真，例如在学习新广播体操过程中，对同学的要求一丝不苟，同学做得不规范，就要求同学重新练习，同学有一点小错，他就马上向班主任报告；他的篮球也打得不错，和同学一起打篮球的时，总是自认为队长。对于控球的方法和投篮的技巧，他更是极尽炫耀之能，好像自己就是教练。他还很好强，每次与同学讨论问题，他都要争赢，要是别人反驳其观点，他就非常生气，还说："你这简直是谬论，我还不知道？我是这方面的专家，我看了很多与这方面有关的书，我的观点才是正确的。"他的这种过度表现自己、炫耀自己的优点，让很多同学都不喜欢和他交往。于是，每次同学们课间讨论问题或积极交流、聊天时，只要他想参加到大家的讨论中，大家就一哄而散。打篮球时，大家宁愿把篮球当足球踢，也不愿让他一个人在球场上"独领风骚"。若在路上同学碰见他，也没人愿意和他打招呼。在学校更没有同学愿和他交往。明川心里非常烦恼，有时甚至彻夜难眠。于是他找到班主任，向班主任倾诉了自己的苦恼。班主任听了他的诉说后，分析同学们之所以不愿意与其交往，就是因为他具有极强的自负心理。

自负者缩小自己的短处，夸大自己的长处。自负者也同样缺乏自知之明，同时又把自己的长处看得十分突出，对自己的能力评价过高，对别人的能力评价过低，自然产生自负心理。当一个人只看到自己的优点、看不到自己的缺点时，往往会产生自负的心理。这种人往往好大喜功，取得一点小小的成绩就认为自己了不起，成功时完全归因于自己的主观努力，失败时则完全归咎于客观条件的不合作，过分地自恋和以自我为中心，把自己的举手投足都看得与众不同。

④情感上的原因

一些人的自尊心特别强烈，为了保护自尊心，在交往挫折面前，常常会产生两种既相反又相通的自我保护心理。一种是自卑心理，通过自我隔绝，避免自尊心的进一步受损；另一种就是自负心理，通过自我放大，获得自卑不足的补偿。例如，一些家庭经济条件不很好的学生，深怕被经济条件优越的同学看不起，装清高，在表面上摆出看不起这些同学的样子。这种自负心理是自尊心过分敏感的表现。

3. 心理辅导方法

班主任如何对自负的学生进行心理辅导呢？具体有以下几个步骤：

①建立客观的自我评价

自负的学生往往是自信过了头，如果矫枉过正，可能会把他们的自信心也打掉，走向另一个极端。有的班主任和家长可能会对自负自满的学生说，"你有什么了不起的"、"你不就那么点本事吗"、"你别嘴巴硬，哪天我倒要看看你的真本事"诸如此类的话，这只能起负面作用。明智的方法是既要充分肯定学生的优点，也不回避他们的缺点和问题。让学生感到有缺点并不可怕，人人都有缺点，可怕的是看不清自己的缺点，有可能会犯致命的错误。全面了解自己不是件容易的事，我们能够认识到的自己常常是浮在水面上的冰山一角，经常仔细聆听别人对自己的看法，有助于深入地了解自己。

②学会欣赏别人

帮助自负的学生克服以自我为中心的倾向，关键是要学会欣赏别人。你要别人尊重自己，首先要尊重他人；你要别人接纳、认同自己，首先要接纳、认同别人。这样个人才能在与他人的社会交往中吸取到有价值的东西，促进自己的成熟与成长。对学生一味赞扬、偏袒，只能助长他们的自负心理。因此，班主任要公正地对待每个学生。每个学生身上都有强势之处，同学之间要取长补短。学会欣赏别人，是与同学平等和谐相处的心理基础。

第六章

常见学生心理疾病及解决方法

第一节　攻击性行为

攻击行为是人类常见的行为之一，攻击倾向属于人的本能倾向。但是需要区分两种不同的攻击，一种是因特别的情势而产生，如某人的生命或某人的自尊、理想遭到攻击时而予以的反击。这是合理的敌意下做出的正常反击。另一种是深藏于人心中的敌意和破坏欲，并有人格缺陷的攻击倾向，这是具有破坏性的攻击冲动，常常要找到某种对象来发泄它。

一、攻击性行为的表现

小丁平时特别喜欢欺负同学。比如在各类比赛中有谁胜过他，他就会怀恨在心，暗自不服，无端找人麻烦，惹是生非。当其他同学与他意见不一致时，他就会以打、骂等简单粗暴的方式来解决。既给其他同学带来了伤害，也使他与其他同学不断疏远而孤立无助。

文文成长于单亲家庭，非常任性、执拗，时常乱发脾气，稍不如意就哭闹、撕扔东西，经不起批评。记得有几次被老师批评后，她就边狡辩边哭喊着要回家，听不进老师的话。平时因她脾气古怪，同学们不愿与她一起玩耍，她就会生气地回到座位上，嘴里叽里咕噜不停地骂人，以泄内心的不满。

小唐，男，14岁，现某中学初二年级学生。父亲初中毕业，下岗工人，现自谋职业搞水产养殖，常年在外，无暇顾及孩子；母亲初中毕业，曾个体经商，因某种原因商店倒闭，夫妻关系日益恶化，最终两人分道扬镳，更无心顾及孩子，把孩子托付给姑姑照顾。

小唐在幼儿园时就比其他孩子明显表现出多动调皮。自进入小学后，随着年龄增长，家庭矛盾的激化，使父母离异、缺少管教的他渐渐喜欢讲一些不文明的脏话。因此同班同学都不愿意和他在一起，更谈不上有一个知心朋友，人际关系较差。上了中学后，在班上打架骂人是家常便饭，更严重的是还和社会上的恶少互相勾结，仗势欺人，经常出现所谓的攻击性行为，主要表现在：上课不遵守纪律，注意力不集中，经常搞一些惹人注意、引人发笑的恶作剧。当老师批评他、同学反击他时，没有不愉快的表现，反而感到高兴；下课时，经常无缘无故地欺侮同学，如遇同学反抗，课后纠集校外恶少寻衅斗殴。有时还鼓动一些其他班级中品行较差的学生在社会上结帮打架。由于事发的严重性，家长通过帮其转学企图改变他的不良行为。但进入某中学后，小唐劣迹不改，故伎重演，所有这一切行为目的都是为了引起别人对他的注意，感觉到他的存在。

无论是攻击他人还是攻击自己，都会对身边的环境产生极坏的影响，严重者甚至会走上犯罪的道路。所以，班主任在平时就要多观察学生，尤其是男生，在学生攻击性行为产生一些表象时，就要及时对他进行心理辅导。不能等到事态难以控制才后知后觉，早发现早治疗。

攻击性行为的表现许多症状早在发生极端行为之前就已经存在了，主要如下：

1. 容易与同学发生争执

此类学生的自我意识强烈，并且好胜心强。当他感觉其他同学和他意见不同或是某些方面比他强时，他就会表现出反常行为，与人争执、打斗，发泄内心的不满。

2. 自制力差

此类学生的自制能力非常差，言行举止不分时间、场合，课堂上坐不住，爱惹是生非，影响其他同学，课间常因自控力差而与同学发生摩擦，导致出现攻击性行为。

3. 脾气暴躁、毁坏东西

此类学生脾气十分暴躁，在他们没有出现对周围人产生攻击性行为时，有时会将情绪发泄在周围的东西上，比如毁坏文具、公共设施、家中物品等。

二、攻击性行为的产生原因

学生攻击性行为产生的原因分为内在和外在两种：

1. 内在因素

①生物学因素

攻击性行为的学生与正常学生相比，大脑两半球均衡性发展较低，显示左半球抗干扰能力差，右半球完形的认知能力较弱，这可能是学生攻击行为的某些神经心理学基础。另外激素也会影响学生产生这一行为。在美国临床心理学教授 McBurnett 有关 7~12 岁男孩的应激激素与攻击性行为关系的研究中发现，最富有攻击性的男孩具有最强的应激反应。这些结果表明：某些个体可能不会经历大多数人所表现出的极端性攻击性行为的压力应激模式，他们的身体不会体验到消极的行为和情感。而男女之间攻击性行为的显著差异（男多于女）在很大程度上受性激素水平的影响。

②认知因素

具有攻击性行为的学生在认知外界环境上与其他学生有差异。一个受伤害者在遭受挫折后的情绪唤醒状态和行为反应取决于他对伤害者的归因，如果他把自己受到的伤害归因于伤害者的人格因素，那么，他的愤怒程度和攻击性要比归因于情境因素强烈得多，当学生认为自己的失败是别人造成时，他一般倾向于对那个人做出报复性攻击。

2. 外在因素

①情境影响

家庭、学校、同伴群体、媒体等会对学生心理产生较大影响。家庭对学生攻击性影响很大，尤其当面临家庭经济条件差、父母有暴力行为、文化水平低、学生受忽视等不利环境时，学生没有了正确的行为标准和自我控制能力，结果造成了学生的攻击性行为。随着年龄的增长，也不容易改变。国外也有研究表明，缺乏温暖的家庭、不良家庭管教方式以及对儿童缺乏明确行为指导和活动监督都可能造成儿童以后的高攻击性。学校环境也会影响学生的行为，研究表明，在学校背景下同伴欺负或攻击行为具有普遍性，在校同伴欺侮情境中，班主任对欺侮的态度和行为，影响着欺侮行为的发生。现在外界的不良媒介信息也成为学生产生攻击行为的一个重要原因，许多报纸、电视、网络上充斥着暴力信息，学生吸收了这些暴力信息后，将它们翻版为现实。

②成长因素

有人对武汉市 1051 名中学生进行调查，结果发现：有攻击性行为的青少年的家庭矛盾性得分明显高于无攻击性行为青少年，而亲密度与知识性得分明显低于无攻击性行为的青少年；攻击性行为青少年的父母惩罚严厉、拒绝否认和父亲过分干涉因子得分较高，母亲情感温暖、理解因子得分较低；攻击性行为青少年情绪稳定性、精神质因子得分较高，掩饰性和社会成熟水平因子得分较低。矛盾性、精神质、神经质是影响青少年攻击性行为的危险因素，知识性是青少年攻击性行为的保护性因素。

李某，男，6 岁，小学一年级学生，脾气暴躁，常因一点儿小事就对同学拳脚相加，在班里人称"小霸王"。如看到同学有好的玩具，伸手就拿，有时还用武力抢夺。李某的父亲是下岗工人，家庭经济情况较差，嗜赌，性情暴躁，蛮横不讲理，经常打骂妻子和孩子，对孩子不管不问。

三、攻击性行为的辅导矫正

班主任在发现学生有攻击性行为的倾向，或是已经产生攻击性行为时，一定要及时对学生进行相关心理辅导。

1. 进行发展性干预课程

国外很多研究者主要采用设计特定课程的方法或改变整体学校心理气氛来试图干预学生的攻击性行为，如 BPP（脑力计划）与 RCCP（冲突创造性解决计划）等，这些研究计划主要通过一级预防或二级预防来减少学生的身体攻击水平，也可能防止没有此行为的学生出现攻击性行为。BPP 干预计划的目的是干预学生攻击行为的发展。归因理论是 BPP 课程设计的理论基础，这种课程是在一定程度上改善学生的社会交往技巧，提高学生的社会问题解决策略。还有专家认为学生之所以产生攻击性行为是因为他们没有能力发现其他解决问题的方法。

所以班主任可以对全班学生进行情绪管理以及人际关系问题处理的课程，全面提升学生们这方面的能力。

班主任亦可以对个别学生进行心理辅导，目的更加明确，针对性更强。

2. 营造充满关爱的班集体

一个良好的班集体十分重要。如果班集体的氛围融洽、充满友爱，也会间接影响有攻击性行为倾向的学生。

班主任要关注、赞赏和认可班上的每一个学生，处理事情时达到公平公正。和谐的班级心理环境将减少学生之间的冲突事件和攻击性行为。

3. 减少不良媒体信息的污染

尽可能控制学生观看暴力性影视媒体和网络游戏。媒体暴力一直是青少年攻击性行为研究者密切关注的对象。媒体暴力主要包括暴力电视、电影、电子游戏，甚至包括暴力音乐与互联网络。这些暴力媒体信息对学生暴力或攻击性行为存在广泛的影响。互联网络空间是一种新的人类心理行为过程发生的空间。人类攻击性行为有可能出现于互联网空间中。发生于互联网使用过程中的攻击主要包括口语化攻击、制造病毒、篡改主页，甚至进入政府机密网站等。

班主任应该培养学生面对信息、选择信息和处理信息的能力，另外进行正确的美育德育，帮助学生建立正确的世界观和人生观。当学生独自面对不良媒体信息时，可以将之抛弃，也就不会再对自身产生影响。

4. 对攻击性强的学生个别辅导

对攻击性强的学生，班主任要进行个别辅导。运用认知行为改变技术强化他们的攻击性行为，以培养积极的行为抵制攻击性行为的发生。引导他们懂得爱与尊重别人，以爱的情感冲淡他们对同学紧张、敌对的情绪。

班主任应该避免对攻击性强的学生采取强烈的惩罚，如罚站、禁闭、当众辱骂等，否则会更加诱发他们的攻击性。让这些学生做一些需要体力的服务性活动，如发作业、打扫教室、拿教具等，以缓解其精力无处释放的紧张状态。

另外，班主任要了解学生在哪一种情境中最可能表现出攻击性行为，尽可能避免此种情境出现。对于打架的学生要作冷处理，让他们各自写下打架的起因经过以及自己的认识。把可能打架的学生相对隔离，让他们保持距离，以避免惹是生非。

第二节　多动症

多动症的全称为儿童多动综合症（Attentional Deficit Disorder），简称为 ADD，是小学生常见行为问题。主要特征是注意力缺陷和活动过度。多动症的表现是多动不宁为主的行为障碍，还有注意障碍、易分心、易激惹、坐立不安等。多动症大多在 8～10 岁学生中发生。

一、多动症的表现

洋洋是一名小学三年级学生。父亲是汽车司机，母亲为纺织厂工人。洋洋在幼儿园时就比其他孩子明显表现出小动作多。上小学后，这种情况有增无减。主要表现在：上课时不遵守纪律，晃动椅子，经常惹同位的同学，注意力不集中，东张西望，但老师批评或暗示后有一定效果；课余活动中不大合群，好搞"恶作剧"，如有时接连用头把几个同学撞倒，自己却满不在乎；在家里则表现得任性、冲动，遇到想办的事情父母不能满足，便大喊大叫，甚至在地上打滚，此外精力显得特别充足，对看电视很感兴趣，碰到爱看的节目，如武打片、侦探片，能一连看上一两个小时，但做作业时却少不了边做边玩，注意力难以集中。据家长和班主任反映，洋洋脑子并不笨，当他专心学习时，有时比一般同学学得还快，就是因为好动分心，使得学习成绩在中等以下。在家庭教养方式上，洋洋的父亲比较粗暴，看到孩子好动、不听话，烦了就骂，急了便揍；母亲则对孩子过于宠爱，家里买的玩具比一般家庭的儿童多好几倍，而且有不少是高级的电动玩具，但孩子玩不了几天就弄坏了，有时碰到孩子发脾气，新买的玩具拿起来就摔。对此母亲只是叹息，可舍不得管孩子。

1845 年，德国医生霍夫曼第一次将儿童活动过度视作病症。此后，许多精神病学家、儿科专家、心理学家及教育家从不同的角度，对这类儿童行为问题进行了更深入的研究。1947 年，斯特劳斯等认为多动症是由脑损伤引起的，故将该症命名为"脑损伤综合症"。格塞尔和阿姆特鲁德在 1949 年对此提出了新的看法，认为这种症状是"脑轻微损伤"的结果。在之后的近 20 年间，不少学者在对具有这一病症的患儿实施神经系统检查时发现，约有半数出现轻微动作不协调，以及平衡动作、共济运动和轮替动作等障碍，但没有发现瘫痪等脑损伤引起的其他症状，故认为多动症不是脑轻微损伤的结果，而是由脑功能轻微失调所引起的。于是，1962 年各国儿童神经科学工作者聚会牛津大学，决定在本病病因尚未搞清之前，暂时定名为"轻微脑功能失调"（Minimal Brain Dysfunction），MBD 就是这种病症的英文缩写。1980 年，美国公布的《精神障碍诊断和统计手册》（DSM Ⅱ）中，将此命名为"注意缺失障碍"（Attentional Deficit Disorder），简称 ADD。

注意障碍和活动过度是多动症的主要症状。

患有多动症的孩子很容易受外界干扰而分心，做事情无长久性，很容易就将目光转向另一件事。如学生上课时被教室外面的脚步声、说话声或汽车喇叭声所吸引，或看黑板上、天花板上的污点，或追视偶尔飞进教室里的小虫等。做作业不能全神贯注，做做玩玩或粗心草率；做事不能坚持始终，不能按照规则、要求去完成，常半途而废或频繁地转换。当他们注意新事物时，则对原来的事物完全不再注意。

小峰是一名小学六年级的学生。非常好动，经常手脚多动或在座位上扭转不停。做作业或游戏时，注意力不能持续集中，经常干扰其他孩子。平时讲话过多，老师上课时，经常插话或被他打断，别人和他讲话时，经常心不在焉，似听非听。对提问经常出现反应迟钝、理解困难，经常不能完成作业。在学校或家中经常丢失必需品。

小峰年纪很小，但父亲已有 50 多岁。因此，家人对小峰特别重视和溺爱，望子成龙的思想也比较急切。其父母特别重视小峰的智力开发，而忽视其体能训练，父母对他过度保护，玩小动作也就是从小养成的一种习惯。

另外，患有多动症的孩子较正常孩子来说，他的活动过多。明显的好动，且不分场合，小动作严重增多。如过分地来回乱动，在教室内不能静坐，常常在座位上扭来扭去，或站起，离开座位等；不时多嘴多舌、喜欢喧闹、喜欢玩危险的游戏、常常丢东西。在家里也是乱跑乱闹，干扰别人，就连睡觉也是翻来覆去。

还有一些表现也可以帮助班主任判别孩子是否是多动症：冲动任性，自制力差，行为障碍，如违反纪律等；神经系统轻微异常，表现为平衡能力弱，动作笨拙。

由于诊断标准不一，各国对多动症发病率的统计结果也差异较大。美国儿童的发病率为20%，而我国的统计结果是患病率不超出10%，其中男孩大大多于女孩，两者比例约为9∶1。

二、多动症的产生原因

专家分析，一般三种原因可以引发儿童的多动症。

1. 遗传因素

遗传因素对于多动症的形成起到了很大的作用。大约40%的多动症患儿的父母，其同胞和其他亲属，在其童年也患此病。单卵孪生儿中多动症的发病率较双卵孪生儿明显增高，多动症同胞比半同胞（同母异父、异母同父）的患病率高，而且也高于一般孩子，上述几点均显示遗传因素与多动症的关系密切。

2. 家庭环境

不良的家庭环境是多动症的诱因。

近年来，一些家长由于教育方法不当及早期智力开发过量，使外界环境的压力远远超过了孩子力所能及的程度，是当前造成儿童多动症（注意力涣散、多动）的原因之一。

此外，国内资料表明，在多动症患儿的不良家庭教育方式中，家长中所谓的"严格管教者"占61.7%，"放任不管者"占3.5%，"过分溺爱者"占7.05%。国外亦有学者认为，暴力式的管教会使患儿症状发展，并增加新的症状，如口吃、挤眉、眨眼。而对患儿漠不关心、放任自流和过于溺爱等，常可能促使症状出现，或使已有的症状加重。

3. 食物污染

铅中毒以及食品添加剂的过量使用，可能会诱发多动症。研究表明，严重的铅中毒可产生致命的中毒性脑病、痴呆等。也有研究认为多种食物添加剂如食用色素、多种饮料、糖果等可能是导致多动的原因，但这种结论还需进一步证实。

三、多动症的治疗方法

班主任若发现学生有多动症的现象，需要及时与该学生的家长沟通此问题，为孩子进行及时的治疗。目前对多动症的治疗是药物治疗与心理治疗的方法相结合。

1. 药物治疗方法

所选用的药物大多是一些精神兴奋剂，如哌醋甲酯（Ritalin）、右旋安非他命（Dexedrine）、苯异妥因（Pemoline）等，这类药物的副作用不很严重，服用后可使患儿注意力涣散状况有所改进，攻击性行为减少。但仅靠药物是远远不够的，因为这种病症原本就存在着生理及心理的多重病因，所以在使用药物疗法时还需要结合一系列的心理治疗。

2. 心理治疗方法

一般对多动症儿童的心理治疗方法有自我控制训练、放松训练和支持疗法等。

自我控制训练的主要任务是通过一些简单、固定的自我命令让患儿学会自我行为控制。例如出一道简单的题目让患儿解答，要求患儿命令自己在回答之前完成以下三个动作：停——停止其他活动，保持安静；看——看清题目；听——听清要求，最后才开口回答。这一方法还可以用来控制患儿的一些冲动性行为。例如带孩子过马路时，要求在过马路之前完成停、看、听等一系列动作。由于在训练中，动作命令是来自于患儿内心，所以一旦动作定形，患儿的自制力就能大大提高。在进行自我控制训练中要注意训练顺序，任务内容应由简到繁，任务完成时间应由短到长，自我命令也应由少到多。

放松训练是近年来治疗儿童多动症的一种新尝试，效果颇佳。由于多动症患儿的身体各部位总是长时间处于紧张状态，如果能让他们的肌肉放松下来，症状就会有所好转。放松训练可采用一般的放松法，或使用在有关医生指导下的生物反馈法。训练时间要集中，可以一连几天，从早上一直训练到晚上，其间除了患儿吃饭、休息外，其余时间都按计划进行训练。在施行放松训练时，每小时放松 15 分钟，当患儿达到放松，就要给予物质奖励。其余 45 分钟可安排患儿进行感兴趣的游戏，但一到放松时间就必须结束游戏。

支持疗法单独使用效果并不明显，主要是与其他治疗相结合，用来帮助患儿解脱受挫折以后的情绪抑郁和由学习困难而导致的自尊心不足。在实施过程中，班主任和家长要对患儿进行鼓励，帮助他们树立信心，一旦病情有所好转，就给予奖励。

第三节　抑郁症

有关调查表明，青少年抑郁在青春期的中期和晚期发生率最高。在美国，青少年抑郁的患病率为 6.4% ~ 8.3%，其中重度抑郁的终生患病率为 15% ~ 21%，与成年人的终生患病率相当。成年期抑郁往往是从青少年期开始的。国内的调查表明，青少年抑郁的患病率为 6% ~ 7%，与美国相当。

在心理异常的人群中，患有抑郁情绪障碍的比例远远高于正常人。当然，在患有抑郁情绪障碍的人当中，极为严重的人毕竟为少数，大多数为轻度或中度抑郁。

一、抑郁症的表现

小佳是一个插班生。在以前的学校学习时，小佳就承受着巨大的学习压力，而父母对她又寄予重望，小佳不堪重负，心理上调整不过来，出现了抑郁症初期的典型症状。父母于是将小佳转到了一个新的学校，希望新的环境可以对小佳有帮助。但是她的病情并没有得到好转，相反，因为小佳的不少激烈和异常的举动，班里的同学对她都是像避瘟神一样，这更加重了她的病情，只得休学去治病。

抑郁症是一种常见的精神疾病，主要表现为情绪低落、兴趣减低、悲观、思维迟缓、缺乏主动性、自责自罪，饮食、睡眠差，担心自己患有各种疾病，感到全身多处不适，严重者可出现自杀念头和行为。

小李是一个 15 岁的女孩，3 年来老有一种难以言状的苦闷与抑郁，总感到前途渺茫，对一切都不顺心，老是想哭，但又哭不出来，即使遇到喜事，也毫无喜悦的心情，过去很有兴趣去看电影、听音乐，但后来就索然无味。小李深知长期忧郁苦闷会伤害身体，但又苦于无法解脱，并逐渐导致睡眠不好，经常做噩梦，食欲不振，有时很悲观，甚至想一死了之，但对人生又有留恋，因而下不了决心。

总体上说，儿童与青少年的抑郁情绪与成年人的抑郁情绪没什么区别，如都表现为兴趣淡漠、被动消极、悲观绝望、难以卷入现实生活。但也有人指出，儿童身上的抑郁较为短暂，有时不表现于外，随着年龄的增长，青少年的抑郁行为表现得更为突出，如逃学、不服从班主任或家长的管教、学习成绩下降等。

患有抑郁症的学生一般在情绪、行为和躯体方面有如下具体反映：

1. 情绪方面

患有抑郁症的学生一般神情沮丧、目光垂视、表情冷漠、敏感多疑、容易焦躁，容易厌倦。他们对从前曾感到愉快的事物或活动不再感兴趣，不能对幽默做出反应。并且他们认为自己笨拙、愚蠢、丑陋、没有价值，认为生活没有意义。严重者甚至产生自杀倾向。

2. 行为方面

抑郁的学生表现为社交退缩和自杀意向。抑郁的学生倾向于避免社会交往。因抑郁而导致社交退缩的学生应当区别于那些社交障碍的学生。前者在患有抑郁之前是一个主动交往的人，唯因抑郁造成被动消极，而后者则一直是一个自我封闭、不与别人交往的人。调查表明，大约2/3的抑郁学生表现出了社交退缩。

杨××，女，18岁，青岛市某高中学生，2003年6月在学校跳楼自杀身亡。

据杨××的母亲称，女儿在初、高中一直是倍受师生关注的优等生。就在高三前后，由于过分的焦虑，她开始心情忧郁，头昏无力，入睡困难，身体状况不佳。经诊断，被确定为抑郁症。

之后，为了使杨××能按时上学，母亲带她进行了心理及药物治疗，甚至到精神病医院诊治（因独立的心理诊所少），收到了一定的疗效。为保障持续治疗，在其入学后，让其抽空偷偷独往治疗。一段时间后，杨××精神转好。

可就在其毕业前，杨××又向她母亲电话哭诉说不能集中精力，生活就像"炼狱"，"活不下去了，救救我吧"，并第一次提到了死。不久，她在学校跳楼自杀。死前，她留有遗书，叙述了其生活的痛苦和寻求解脱的期盼。

3. 躯体方面

抑郁症的学生食欲不振，经常感到疲倦，并且引发身体上的疼痛，例如头痛、胃痛或身体其他部位的疼痛，伴有睡眠障碍。在运动、言语上反应迟钝等。一些学生还会恶心、呕吐、腹泻、遗尿遗屎等。这类情形经常容易被误诊为躯体疾病，但是吃了药以后"病"也无好转迹象。

二、抑郁症的产生原因

抑郁症的形成与多种因素有关：

1. 生物性因素

遗传因素。家族史中患情感性障碍的、产生抑郁的比例比较高。最好的基因和心境障碍的有关数据来自于双生子研究。有专家研究发现，如果双生子之一患有某种心境障碍，那么同卵双生子患某种心境障碍的几率要比异卵双生子高 2～3 倍。

有专家通过一项对于女性双生子的样本调查，估计重度抑郁障碍的遗传几率为 41%～46%。

抑郁症的遗传存在性别差异，女性为 40%，而男性要低得多。

神经递质系统。研究表明，在抑郁症患者体内 5－羟色胺水平比较低，但只是和其他神经递质相比而言。5－羟色胺最基本的作用是调节我们的情感反应。当我们体内 5－羟色胺水平比较低的时候，我们会更加冲动，情绪也更容易波动。当 5－羟色胺水平比较低的时候，其他神经递质变化范围就比较大，处于失调状态，从而导致心境的不稳定，包括抑郁状态。

2. 社会心理因素

在所有的心理障碍产生过程中，应激和创伤都是重要的心理学因素。通过对随机人群样本的调查发现，严重的生活事件与抑郁症发病有显著的关系。重大的生活应激总是在所有类型的抑郁症之前发生，如人际关系紧张、学习困难、工作压力、家庭变故、意外事故、躯体疾病等不良生活事件等都有可能引发抑郁症。

精神医学教授刘贤臣调查还发现，与青少年学生抑郁相关的因素有睡眠没有规律、学习生活不满意、生活事件多、健康自评差、体育活动少等；近一年的生活事件和抑郁情绪的发生成正比，依次为人际关系、学习压力、家庭事件等。

3. 性格因素

一些学生性格内向、过于自卑，或者不良的认知模式、非理性思维，都会对抑郁发生作用。

三、抑郁症的辅导矫正

抑郁症严重的患者要及时用药。目前已有像百忧解、麦普替林、氯丙咪嗪等高效抗忧郁药，但是大多有效的抗抑郁药都有口干、胃肠道反应等副作用，且起效较慢。而抑郁症患者本身已有多种躯体不适的感觉，因而服药早期可能会有躯体不适加重的感觉。这时应当坚持治疗，随着时间的推移，绝大多数病人药物的副作用逐渐减轻，同时疾病得到了理想的控制。

抑郁症的治疗方法很多，如心理治疗、睡眠剥夺治疗、光疗和电痉挛治疗等，但当前仍以药物治疗为主，心理治疗为辅。需要指出的是，抑郁症病人常有消极悲观念头，重者轻生厌世。

班主任要对抑郁的学生给予同情和爱。有的学生是因失去了父母与老师的爱，给予爱和同情是一个有效的补救方法。当学生得不到别人关爱的时候，与他接触时，用爱来温暖他，给他讲故事，伴他做游戏，使他不感到孤独，减轻他的郁闷。但是不能用爱怜方式表达同情，免使他失去自信或变得依赖性过强。

同时，班主任要鼓励学生多参加各种活动，因为随着活动的增加，就会把自己的注意力转移到活动上，而不放在自己的苦恼上，久而久之，便可以淡忘自己的苦恼。也建议其他同学与这样的学生多接近、多来往，用健康快乐的心情感染他们，使他们不再孤僻，消除他们的孤单与苦闷。老师也可以适当使用"宣泄法"，让学生合理宣泄郁闷。如果学生对父母有所怨恨，可以让学生在适当的场合或无他人在场时，作适度发泄。发泄的学生说了一些过激的话，班主任不能马上批评制止，因为他说这些话（比如"他们是最坏的父母"等），不过是宣泄而已。

第四节　强迫症

强迫症是以强迫观念和强迫行为为主要表现的一种神经症。以有意识的自我强迫与有意识的自我反强迫同时存在为特征，患者明知强迫症状的持续存在毫无意义且不合理，却不能克制地反复出现，越是企图努力抵制，越是感到紧张和痛苦。病程迁延者以仪式性动作为主要表现，虽精神痛苦显著缓解，但其社会功能已严重受损。

一、强迫症的表现

小齐是一名寄读的学生，家庭条件一般，没有兄弟姐妹。因为是独子，所以家里对他的期望很大。初三毕业没能考上一中，家里花钱让他到一中寄读，希望一中的学习环境能给他提供良好的学习条件，把学习成绩提高。他也很懂事，自上高中以来一直都很努力，但是，因为基础比较薄弱，成绩始终进步不大，高一、高二时还总能保持班上中等位置。上了高三，因为别人也更加努力，所以相对地他的成绩开始下降。这时候他的压力变得很大，父母的期望、自己的理想，这些都让他不知所措。另外，上了高三，家里发生了一件事情：小齐的姨丈因为肝癌不治去世。那天，他去看了姨丈。姨丈生病后的样子让他很震惊。回去后他就有了这样的念头：我会不会感染上癌症？从此这些想法就在他脑子里反反复复地出现。他也变得焦虑不安、敏感。上课、做作业都能想到这些问题。

强迫症有强迫观念和强迫行为两种表现形式：

1. 强迫观念

小强，男，18 岁，某市一所重点中学高三学生。小强小学时学习很好，成绩一直名列前茅，而且学得轻松，同时也很爱玩，师生关系融洽。初中在其母工作的学校（非重点）就读，起初学习不太用功，较贪玩，学习成绩中等，处于班级十几名之下。初三时，父母征求他的意见：是考高中还是考中专？他开始意识到前途问题，决定考高中。父母为其借来大量参考资料，自己制定了严格的学习计划，静心苦读，进步很快，终以年级第 4 名考入重点高中。

进入高中后，他信心大增，给自己定下考名牌大学的目标。但高一阶段他的成绩在班级为 14~15 名。暑假中碰到原初中几位就读其他重点高中的同学，得知人家成绩均在年级前列，很不服气，责怪自己不够努力，暗自定下在高二跃上班级前列的目标，并制定了具体计划，如要求自己上课一定要听懂，课间即总结好，回家不再花时间消化，而是阅读参考资料，结果并不理想。再次检查自己，认为目标、计划没错，还是自己用功不够，便挤出更多时间看书。高二开始不久，他出现看书时脑内出现杂念，如：这部分内容是不是高考的重点、考试时会怎样考，继而脑中出现考不好时的紧张情境，排解不掉；平时产生紧张感，考试前加剧。此后他的学习成绩持续下降，学习成绩在班级中降至 25 名、34 名、41 名，十分焦虑。进入高三后，症状加剧，只要是学习就出现杂念，已无法听课与看书作业，自己更为焦虑。想到高考迫近，他非常紧张，整日焦躁不安，对自己爱好的小提琴、足球均提不起兴趣。

强迫观念是不由自主的观念、思想、表象或冲动，与此相伴随的症状是强迫检查。主要有：

①强迫怀疑

对自己刚做过的事产生怀疑，明知没有必要，但是仍反复检查是否已经做好。如刚锁好门怀疑自己是否已经锁好，刚关了煤气又怀疑自己没关，又回去仔细查看；刚做完作业怕没做好，反复检查是否做好，因而使作业速度大大减慢。

②强迫回忆

反复回忆以往经历中没有多大意义的某些细节，或者急欲将所经历过的事情全部回忆起来，等等。

③强迫对立观念

脑子里经常出现与现实对立的观念，这种观念是不好的，通常是违反道德准则的内容，为此感到非常苦恼、害怕、不安，又偏偏不能排除，有时甚至有脱口而出的冲动，如骂粗话、喊反动口号等。如当看到"保持安静"的标志牌时，脑子里会有大声喊叫的念头，有时甚至喊叫出来。

④强迫性追问

患者的思维经常纠缠在一些缺乏实际意义的问题中不能摆脱，如"为什么黑板是黑的不是白的"、"为什么皮球是圆的不是方的"等。

2. 强迫行为

强迫行为指按某种规则或刻板程序做出重复的动作或活动。

宁宁小时候由于双手患有严重的湿疹，为了防止传染所以一直戴手套。一年前湿疹好转了，就不戴了。但从那时开始，她就开始拼命洗手，而且越洗越频繁，洗一次手约半小时左右。如果催促她的话，时间可略微缩短。洗手时，需要先用水冲，再擦肥皂，一直要擦洗到肘关节处。她自己也感到不合理，希望能够改变。

强迫行为包括：

①强迫洗涤。患者因怕自己传染上什么病而强迫自己反复洗涤，有的患者甚至把手都洗破了还认为"没有洗干净"。

②强迫计数。反复数计所遇到的事物，如不断地数路边的电线杆子、高层建筑的层数等等。

③强迫意向。患者常出理一种克制不住的与意愿相反的冲动。如走到高处产生往下跳的冲动，以至患者十分紧张害怕，控制不住就会发生意外。

④强迫仪式动作。强迫自己在生活中重复一套刻板的、相互联系的动作，例如，出门时必须先迈左脚，后迈右脚；起床后必须先看报纸，再穿衣服、洗漱等。

儿童强迫的症状不同于成人，有时不能总是保持强迫症状，而是要求他的父母也参与到他们的动作中来。如要求父母回答同样的问题或做同样的强迫动作，若是父母不同意，则患儿会变得十分焦虑不安、暴躁、气愤，甚至冲动伤人，迫使父母这样做。强迫症儿童智力水平正常或一般比较好，平时较安静，好思考。家庭要求严厉且管束较多的儿童可能在某些突然事件下急性发病，有的在长期过分紧张疲劳下缓慢起病。大部分病程相对较长，症状时轻时重。

一般认为每 50 个人中就会有 1 人得过强迫症，比如英国就有 100 多万强迫症患者，青少年患病率很高，一般认为青少年时期患强迫症在成年前都可康复，国外报道发病率为 2%，也有心理学家认为发病率至少 10%，性别分布上无显著差别，英国生物学家达尔文和英国球星贝克汉姆都曾得过强迫症。

二、强迫症的产生原因

强迫症是遗传、环境因素和个体身心多种因素共同作用的结果。其中环境因素起着重要作用。此症与儿童的遗传系统有关，家族中有精神病史或父母中有强迫症状的儿童易发此症。不当的家庭教养方式也是引发此症的重要原因，父母对子女管束过于严厉，容易引起孩子内心的恐惧与焦虑而形成强迫症。生活中的意外变故，使学生承受重大的挫折，也会使学生产生严重的情绪异常，导致与创伤性体验有关的强迫症状，如因亲人患病死亡，遇车祸或目睹悲惨情景等。学校中学习负担的加重，学习成绩不良，人际关系突然恶化，班主任过高的要求等，也会引起学生的紧张焦虑，并在此基础上产生强迫症状。此外，个体的健康状况不佳，或者长期身心疲劳，也会促使具有强迫人格的人产生强迫症状。

三、强迫症的辅导矫正

如果怀疑学生有强迫症，最好到心理咨询机构就诊。除了一定的药物治疗外，还应与心理治疗相结合。

班主任应该多关心和鼓励学生，不能对学生过于严厉、责骂、惩罚或说一些过激的话；不要对学生施加太大的压力，尽量减轻他们内心的紧张和焦虑，解除苦恼。班主任还要对他们学习的进步给予赞扬。应根据他们的实际情况为他们制订学习内容和计划，在取得一些进步应给予鼓励和表扬，以培养他们的自信心。吸引他参加学校组织的各项活动，并培养其兴趣爱好，以便使他的注意力转移到集体活动中，减轻焦虑，争取班里同学的支持和合作，与他建立良好的关系。让学生学会怎样面对挫折，另外，给学生制订良好的生活作息制度，做到劳逸结合。在学习之余，参加一定强度的体育活动和劳动，把生活安排得紧张、有规律。指导他们进行意念放松训练，以减轻他们的强迫症状。

第五节　自杀倾向

自 20 世纪 20 年代以来，青少年的自杀行为呈上升趋势，如一位初中生因期末考试没有进入前 10 名而自杀。自杀问题已经引起了社会的广泛关注。

一、青少年的自杀表现

晚自习下课后 20 分钟，喧闹的声音从教学区转向了宿舍楼，高三女生小蓓却孤身一人留在教室，她从 2 楼慢慢走上了 5 楼，从空荡的教室里搬出一把椅子，放在了过道上，随后爬上去，跨过护栏，迈向黑暗的天空……

5 层楼的高度，带给小蓓的是脊椎粉碎、双腿致残。主治医生说，辛亏抢救及时，小蓓的命得以保住，不过，她的大半生将在轮椅上度过。

"都是让成绩排队害的。"小蓓的家人坚信。

17 岁的小蓓是学校实验班的学生，班上全都是成绩优秀的学生。在班上，小蓓的成绩不是很稳定，最近的两次月考中，小蓓的总分数由

577 分降到了 506 分，在班上的名次也从第 7 名一下摔到第 47 名。

进入高三，小蓓感到压力倍增，她要面对没完没了的考试——每天老师进行的单科考试，每周年级组织的文科综合、理科综合考试，每月学校举行的月考，除此之外，他们还要参加市里的模拟考试和每学期都有的例行考试。

在自杀前，学生往往会有种种表现：

1. 用消极的态度看待所面临的问题，确信自己天生不会交好运。

2. 和其他人的关系破裂。

3. 回避朋友，不参加社会活动。这种突然躲避是一种危险的自杀信号。

4. 日常生活方式明显改变。例如，一个嗜睡者突然变得难以入睡，出现失眠症状；一个饮食有规律的人突然变得饮食无度，或暴饮暴食；一个安静的人变得非常活跃，或者一个平时活泼好动的人变得沉默寡言，不愿见人……这些变化都说明这个人处于激烈的矛盾心理之中，企图用异常的生活方式引起别人的注意，或减轻心中的病苦。当这种做法难以奏效时，他便会采取自杀行为。

5. 做自杀前的决绝工作。如给老师、朋友、家长留下遗书；向周围的人交代死后的一些事务；将自己心爱的东西赠与他人；清理债务等。

2004 年 12 月 23 日凌晨 3 时，湖南某市高三学生刘某坠楼身亡，三天后，当地公安部门将此事定性为自杀事件。

事后接受警方的调查时，一个与刘某较为亲近的同学说，刘某自杀前一天晚上，突然主动请他吃晚饭，这对家境贫寒的刘某来讲，是很不寻常的举动。吃饭时，刘某没多说话，两人默默地吃完饭。付款时有些争执，刘某说："我来付钱。我要回去了。"因为学校对高三年级实行月假制，同学以为他说的是月假时可以回家再要钱，根本没在意他话中还有其他的用意。

当晚 10 时，学校值晚班的负责人到寝室查夜时，刘某还在。凌晨时，有同学发现他不在，以为他上厕所去了，仍然没人在意。23 日天亮时分，门卫发现一学生倒在宿舍楼下的血泊之中。

据学校老师和同学们介绍，刘某学习生活自觉性都很强，学习成绩中等偏上，但不太爱讲话。此前，老师和同学都没有发现他有任何异常。

6. 自杀前，自杀者往往体验到极度的内心矛盾和痛苦，使他们坐卧不宁，焦躁不安。

二、自杀的产生原因

自杀行为的原因非常复杂，与个体所处的家庭环境、学校环境、社会环境和个体心理环境有关。

1. 家庭因素

家庭不良的气氛和家长教养方式，如父母离婚或关系不和睦，或经常责骂殴打子女，使子女体验不到安全感，从而失望、消沉，极易自杀。

2. 学校因素

目前学校的升学制度，给学生造成了极大的心理压力，加上有些班主任不懂得教育教学的方法，对学生严厉地斥责甚至惩罚，也是学生自杀的重要原因。大众的不良影响，不良的影视、书刊的影响，也是引起青少年自杀的另一诱因。还有，青少年个体的不良心理素质也是引起自杀的主要原因。

3. 个人心理因素

由于现在的学生大多是独生子女，他们一般都没有经历过大的挫折，因此，心理脆弱、耐挫力差。在生活和学习中，一旦受到挫折，他们便极可能采取自杀的方式去解决。有研究表明，具有下列社会心理因素的人，具有较高的自杀危险性：①受到明显的外部精神因素的强烈刺激。例如学习成绩急剧下降、人际关系挫折、受到他人当众污辱或斥责、患上严重的疾病等。②情绪变得相当低落，心情悲观抑郁，对自己产生自责心理。有强烈的负罪感，企图以自杀赎罪。③性格孤僻内向，与周围的人缺乏正常的情感交流，不能适时宣泄消极情绪。④严重不良的家庭生活环境。例如，父母离婚、家庭中缺乏温暖、父母经常责骂或殴打子女等。⑤缺乏明确的生活目标和信心，对生活容易产生悲观失望的情绪体验。⑥对社会的阴暗面过分夸大，对社会的发展持消极的态度，有"看破红尘"的迹象。⑦自杀先兆。国外的研究表明，2/3 以上的自杀者用一种或多种方式表示自杀的先兆：诉说他们对自杀的看法，声称自己确实想去死；把自杀看成是求得解脱的可选择的方法；认为自己死后情况会好一些；谈到自杀的具体方式；过去有过自杀的企图等。如果以上各方面的情况都比较严重或明显，并且有很多的一致性，那么就表明有较大的自杀危险性，应该采取重点防范的办法，预防自杀行为的发生。

三、自杀心理的辅导矫正

对于学生的自杀行为来说，积极的预防要比事后的治疗更为有效和重要，家长和学校都应对学生的心理健康负责。

学校是学生接受教育的场所，学生的大部分时间都要在学校中度过，所以，自杀的预防首先应当从学校做起。

在学校教育中，历来都强调生的教育，而忽视死的教育。其实，生死观的教育都应成为学校教育的一部分。学生既需要了解生是怎样一回事，也应知道死是怎么一回事。这是因为这两方面的知识都可触及孩子的心灵世界，他们能否学到这两方面的知识也会影响到他们的现在与未来。

在学校中，回避自杀问题的一个不良后果就是，使一些有自杀企图的学生从其他方面得到有关自杀的不正确的消息，使他们对自杀行为充满好奇心。我们应当正视这一现实问题，在学校中开展对自杀的预防教育，对班主任和学生都正大光明地敲响生命的警钟。

当班主任发现学生有自杀先兆时，发现学生异常抑郁或情绪失控时，应创造条件设法与他交谈，让他有机会诉说近来发生的不幸和内心感受，找出原因并设法帮他解决问题。

不要忽视学生的自杀的威胁或透露出的自杀念头，如果说学生的自杀宣言只是为了吸引别人注意，那么也应该给这些学生足够的注意，免得他真的用自杀的方式去吸引注意。当听到别人自杀的言语，看到别人的自杀的行为时，应以诚相待，告诉对方自己对自杀的看法，告诉他自己遇到挫折时的恶劣心情和克服办法，使他从中受到启发，打消自杀念头，放弃自杀。研究表明，由于青少年敏感而孤独、自尊而虚荣，因此，不宜采取直接告诉他们自杀是不对的这种说理方法。因为这样做只能使他们更加坚定自杀的决心，而应该将心比心、设身处地理解对方的处境和体验，以自己的遭遇吸引他的注意，启发他们思考，以取得更加有益的效果。

如果班主任的干预行动并没有改变自杀者的自杀念头，最好与心理咨询或自杀防治机构，如心理咨询热线电话联系，由专业人员协助解决。

第六节　网络成瘾

网络成瘾，又称网络成瘾综合症（Internet Addiction Disorder，简称IAD），临床上是指由于患者对互联网络过度依赖而导致的一种心理异常症状以及伴随的一种生理性不适。有台湾学者认为，网络成瘾是由于重复地使用网络而导致的一种慢性或周期性的着迷状态，并且带来难以抗拒的再度使用欲望，同时对上网带来的快感一直有生理及心理依赖。

也就是说，因为网络的许多特质带给使用者许多快感，同时又因很容易重复获得这些愉悦的体验，使用者便在享受这些快感时渐渐失去了时间感，一方面逐渐对网络产生依赖，另一方面导致沉迷和上瘾。

一、网络成瘾的表现

2005 年 11 月 22 日，由中国青少年网络协会主持的《中国青少年网瘾报告》显示，目前我国网瘾青少年约占青少年网民总数的13.12%，另有约 13% 青少年存在网瘾倾向。

明明是一名初二的学生，上网成瘾半年多，有时候逃学。老师知道后，立即进行家访。通过与其母亲交流得知：明明从小身体健康，没有得过什么大病。小学学习很好，成绩优秀，但是考上中学后因为功课较多，放松了学习。尤其是暑假期间，明明跟别人学会了上网。随着兴趣的增加，他上网时间逐渐加长，有时候，甚至忘了吃饭和睡觉。他最喜欢玩游戏。开学以后，这种情况并没有减少，已经严重影响学习。父母加以阻止，并要求他减少上网时间。刚开始一周还能坚持，以后又故态重演，甚至作业不能完成。所以在明明上网时间过长时，父亲强硬制止，他异常不满，以摔东西、绝食来抗议，最终以父母妥协而告终。以后上网时间更长，父母的阻止丝毫不起作用，甚至发展到父亲阻止而引来双方动手。而且他脾气暴躁、不与父母沟通，有严重的递反心理。

小天是一名重点中学的高三学生。小学成绩名列班级前五六名，一直担任班干部。进入初中，开始打游戏机，学业开始上下起伏。中考差了几分未进区重点，非常失落，成绩一直下降，得不到老师的认可，感受不到成功的体验，有些自卑。家庭环境非常优裕，从小养成自我为中心，自尊心特别强。同时还表现出青春期叛逆，时常与学校的老师和家长因言语不当就会发生争吵，甚至与父母有身体方面的碰撞。因沉迷电脑游戏而影响学业，高中时期几乎没有正常的学习，现面临高考。

网络成瘾已经成为众多学生问题中日益突出严重的问题，已经引起了社会各界的重视。网络本身是人们的工具，成人的心理已经趋于成熟，可以很好地自我控制。但是，处于青少年阶段的学生，心智还未成熟，长时间面对电脑、接触网络，使他们对网络产生依赖心理，且很难自我控制，严重者甚至需要到专业部门矫正治疗。

按照《网络成瘾诊断标准》，网络成瘾分为网络游戏成瘾、网络色情成瘾、网络关系成瘾、网络信息成瘾、网络交易成瘾 5 类。标准明确了网络成瘾的诊断和治疗方法：

1. 对网络的使用有强烈的渴求或冲动感。

2. 减少或停止上网时会出现周身不适、烦躁、易激惹、注意力不集中、睡眠障碍等戒断反应；上述戒断反应可通过使用其他类似的电子媒介，如电视、掌上游戏机等来缓解。

3. 下述 5 条内至少符合 1 条：

①为达到满足感而不断增加使用网络的时间和投入的程度；

②使用网络的开始、结束及持续时间难以控制，经多次努力后均未成功；

③固执使用网络而不顾其明显的危害性后果，即使知道网络使用的危害仍难以停止；

④因使用网络而减少或放弃了其他的兴趣、娱乐或社交活动；

⑤将使用网络作为一种逃避问题或缓解不良情绪的途径。

网络成瘾的病程标准为平均每日连续上网达到或超过 6 个小时，且符合症状标准已达到或超过 3 个月。

二、网络成瘾的产生原因

学生网络成瘾一般分为内部原因和外部原因：

1. 内部原因

学生处于青少年时期，心理发育还不成熟、不稳定，很容易受外界环境的影响。如果他们在现实生活中与父母、朋友、同学的交流产生障碍，就很容易形成自我封闭的心理。转而在虚拟的网络上寻求安慰和理解，满足自己的自尊和需要。有一些青少年追求玩乐，缺乏自我控制能力，学习上又难以取得较好成绩，而在虚拟的网络世界中，学生可以寻求安慰，特别是通过网络游戏，玩游戏的成功使他们得到快感与成就感，也可以得到暂时的心理平衡。

另外，现有研究发现：人格特质因素是青少年网络成瘾问题的内在心理根源。那些敏感、忧郁、脆弱、多疑、焦虑、情绪不稳定、意志薄弱、自制力差、性格孤僻、认知能力差、缺乏自信、悲观、逃避现实、自卑、成就感低的青少年如果上网，容易导致网络成瘾。

2. 外部原因

①成长环境

学生网络成瘾和所处的家庭环境与学校教育环境有很大的关系，一些家长过于溺爱孩子，事事过问，让这些处于叛逆期的学生没有一点自己的空间，刺激他们通过网络摆脱心理束缚。另外一些家长只顾自己的事业，很少和孩子沟通，如果孩子转向通过网络寻求安慰并沉迷其中，网友可能变得比现实生活中的亲人、朋友更重要。还有一些家庭关系不和睦的家庭，或者是单亲家庭，孩子可能会有一定的心理和性格上的缺陷，这些高焦虑、低自尊、忧郁、自我概念不明确的青少年也比较容易网络成瘾。从现代学校教育来说，残酷的高考制度、繁重的学习压力、枯燥的学习生活让学生承受着巨大的压力，他们通过上网可以释放内心的焦虑，缓解压力，但这样也逐渐造成了他们对网络的依赖。

②网络环境

网络的高科技性、丰富性、开放性、广泛性、互动性、间接性、平等性等特点，给青少年学生日常的学习和生活带来很多便利。这是现实社会难以提供的，又是青少年所需要的。正是由于这些特点，对青少年构成了难以抗拒的吸引力，使他们沉溺于这一虚拟现实难以自拔。

三、网络成瘾的危害

网络成瘾对学生的危害极大，主要体现在以下几方面：

1. 危害身心健康

网络成瘾者因为对互联网产生过度依赖而花费大量时间上网。学生正处于身体发育的关键阶段，沉迷于网络世界，长时间连续上网，新陈代谢、正常生物钟遭到了严重的破坏，身体容易变得非常虚弱。还有研究表明，学生长期沉溺于网络中，不仅会影响头脑发育，还会导致神经紊乱、激素水平失衡、免疫功能下降，引发紧张性头疼，甚至导致死亡。同时，不良的上网环境也会损害学生的身体健康，而网吧大多环境恶劣、空气浑浊、声音嘈杂，学生在这种环境的网吧内上网，也容易被传染上疾病。网络成瘾对学生健全心理的发展也是一个严峻的挑战。长期上网会引发学生"网络孤独症"和"忧郁症"等心理疾病，过分关注人机对话，对外界刺激缺乏相应的情感反应，对亲友冷淡，对周围事物失去兴趣，严重时对一切都漠不关心，把与别人的交往当成一种可有可无的事情，变得越来越孤僻，造成学生个性的缺陷。网络成瘾者一旦停止上网便会产生上网的强烈渴望，难以控制对上网的需要或冲动，这种冲动使其在从事别的活动，工作、学习时注意力不集中，造成学生心理的错位和行动失调。网恋和网络聊天会引发学生的感情纠葛，导致各种情感问题，造成学生心理的创伤。网络成瘾者过度沉溺于网络中的虚拟角色，容易迷失自我，将网络上的规则带到现实生活中，造成学生自我认识的障碍。

2. 影响学习成绩

学生沉溺于互联网带来了大量教育上的问题，染上网瘾的学生，大量时间都用来上网，占用了学习的时间，导致的直接的后果就是学习成绩的下降。

国外有研究表明，长期上网、沉湎于网络游戏的孩子，其智力会受到很大的影响，甚至导致智商下降到正常孩子的标准水平线以下，这也会间接地影响孩子的学习成绩。在网上也有一些商家为了赚钱，建立一些帮写论文、写作业盈利的网站，一些缺乏自律的学生便从网上购买作业、论文敷衍老师，学习认真态度就会大大下降。网络成瘾者沉迷于网络虚拟世界，对现实生活失去兴趣，对枯燥的学习更是失去兴趣，会出现厌学、逃学、辍学的情况，学习成绩一落千丈。

3. 交际能力缺失

首先，网络成瘾者大多性格孤僻冷漠，容易与现实生活产生隔阂，导致自我更加封闭，进而不断地走向个人孤独世界，从而拒绝与人交往。同时，网络成瘾者沉溺于虚拟完美的网络世界之中，沉醉于一种虚拟的满足，他们从网络游戏中得到了个人成就感的满足，他们从网恋中得到了个人归属感的满足，他们可以在网络世界充分张扬自己的个性。在虚拟的网络世界里，他们已经拥有了一切。而在现实世界中，一切都不是那么完美，朋友经常欺骗，爱人随时背叛。因此他们认为现实生活中的人际的交往是一种可有可无的事情，从而不愿意与人交往，拒绝与人交往，拒绝融入社会，是网络带给网络成瘾学生的一大问题。其次，沉溺于网络世界中，还造成了学生与他人交往频率的减少，迷恋人机对话模式，对着电脑屏幕行文如水、滔滔不绝，丢掉键盘鼠标就变得沉默寡言，在现实生活中语言表达能力出现障碍，只有到了电脑前，手按着键盘，才能表达自己的想法，从而更难与别人更好地交流。

有些学生还因网络成瘾而恐惧社交，表现为害怕与人见面、谈话，见人就紧张，面红耳赤，颤抖，因此常独居屋内避不见人。调查表明，56.3%的网络成瘾者人际关系较差。相比之下，46%的非成瘾者能将自己与同学、亲友的关系相处得很好。

4. 影响人生观、价值观的形成

网络的一大特性就是其开放性。不同的意识形态与价值观念的信息在网络大行其道，网络内容丰富复杂，却良莠不齐。在网络上有形形色色丰富多彩的信息，其中黄色信息、暴力信息混杂其中。并且有些网站宣扬消极、颓废，甚至违法、犯罪的思想。学生的鉴别力和判断力水平较弱，容易受其影响，学生在互联网上接触的消极思想会使他们的价值观产生倾斜，在潜移默化中影响学生正确的人生观和价值观的形成。

四、网络成瘾的辅导矫正

1. 加强青春期教育

青少年正处于成长发育时期，对性知识很好奇。教师和家长如果管束过严，又不给予正确的疏导，就会产生"禁果效应"：越是阻止青少年对性的了解，就越提高他们对性的兴趣。学生没有正当的了解渠道，就会在网络中自己寻找答案，甚至沉湎于黄色网站或色情聊天室不能自拔。因此，班主任要向学生讲授青春期性知识，举办相关的健康讲座，让学生借阅相关知识的书籍。

2. 创建和谐的班级心理氛围

在网络中，青少年不仅与熟人、朋友聊天，更多是与陌生人聊天。因为网络聊天可以造成"双盲"的一种暗室效应，即便是相互交心的朋友，也不知道彼此的真实身份。这正符合青少年追求新奇、渴望与人交流，但内心又很敏感、怕被伤害的心理特点。他们可以向陌生人倾诉，不怕被告密；可以展现自己最优秀的一面，不怕被耻笑；可以扮演任何角色，转换性别，跨越年龄，充分展现自己不为人知的另一面。

因此，班主任要注意创建和谐的班级心理氛围，与学生多沟通，成为学生亲密的朋友和知心人。同时，要鼓励学生寻找现实生活中的朋友，如果学生与周围的人有充分的交流机会，就会相对减轻对网络交往的依赖。

3. 满足学生合理的愿望和心理需求

网络游戏不仅画面精美、内容丰富，而且巧妙地运用了美国行为主义领袖斯金纳的强化理论和美国第三代心理学开创者马斯洛的自我实现理论。在游戏中，经常会有各种小的奖励和赞美，可以使学生很容易地获得自信和自尊，成为网络世界中的英雄。教师要想使学生摆脱网络回到现实中来，也要在生活中注意利用这两个心理学原理。比如和学生建立契约，如果学生如期减少了上网次数，教师给予及时的表扬；让学生承担适当的责任，如当个小组长，让学生在完成任务的过程中，获得成就感；还可以适当组织班级活动和竞赛，促进学生间的交往，满足学生展示自我的愿望。

4. 帮助学生正确使用网络

现在是信息时代，搜索引擎服务商为大众提供了前所未有的信息资源。只要键入关键字，便会有成千上万的相关信息展现在眼前。顺应时代的发展，班主任也经常会让学生在网络上查找资料，但在布置任务的同时，还要传授使用网络的技巧，如教学生选择有用数据、提供快捷的搜索引擎、掌握时间管理技巧等，让学生高效率地运用网络。提示学生重在对资料的分析，提出自己的观点，同时还要善于使用学校和社区的图书馆，从而降低对网络资源的依赖。

第七章

班级群体心理干预

第一节　了解团体心理辅导

心理学研究表明，人类的生活方式离不开团体，人的心理适应主要是人际关系的适应。团体心理辅导提供了适当的情景，成员在共同的活动中彼此进行交往、相互作用。团体辅导的特色在于培养人的信任感和归属感，由对团体的信任到信任周围的其他人，由对团体的归属感扩大到对学校、社会及国家的认同感和归属感。它通常由一位或两位咨询员主持，称为团体指导者，多个求询者参加，称为团体成员。团体的规模因辅导目标的不同而不等，少则 3 ~ 5 人，多则十几人，甚至几十人。因其独特之处和肯定的效果，在国外及我国的港台地区已得到的发展，并广泛应用于学校教育、企业管理、军队训练、心理治疗等领域。

随着学校心理健康教育的发展，各级各类学校都在根据自身的实际情况探索开展心理健康教育的途径和方法。大量的教学探索和实践发现，将团体辅导应用于学校心理健康教育可以很好地营造和谐的心理氛围，提供认识自我、成长自我的心理环境，推动学校心理健康教育工作更好更快地发展。

一、什么是团体心理辅导

团体心理辅导是指在团体情境中提供心理帮助与指导的一种心理辅导方式。它是通过团体内人际互相作用，促使个体在交往过程中通过观察、学习、体验，认识自我，探讨自我，接纳自我，调整改善与他人的关系，学习新的态度与行为方式，充分发挥自身的潜能和优势，以发展良好的生活适应的自助及助人的过程。即是说它是一个针对个体辅导而言开展的一个针对多人共同进行的辅导形式。

团体辅导以每个成员的成长和发展为目标。其优越性在于它把受训团体设计成一个微型社会，为那些在现实生活中受到挫折、压抑的成员提供了一种信任的、温暖的、支持的团体气氛。在这个理解和支持的气氛中，参与者愿意尝试各种选择性的行为，探索自己与他人相处的方式，学习有效的社会技巧；团体成员之间能探讨他们彼此之间的相互觉察，并获得其他成员在团体中对其观察的反馈，使之由别人的观点来审视自己。团体辅导具有互相支持、集思广益、效率高的特点，辅导效果易巩固，特别适于人际关系适应不良的社会群体。

简言之，团体辅导是心理辅导的一部分，它是以团体为单位，以活动为载体，以自我体验为途径，而从引导团体成员通过平等沟通交流（罗杰斯的人本主义思想）、认识自我潜力（弗洛伊德精神分析学派）、解构自我认知体系（贝克为代表的认知学派），从而改变行为动机（以华生、斯金纳为代表的行为学派）的过程。

二、团体心理辅导的历史

1. 探索期（20 世纪初至 20 世纪 30 年代）

美国的内科医生普拉特（H. Pratt）被誉为团体辅导和心理治疗的先驱。他最先在肺结核晚期病人中进行团体辅导工作，此后，心理学家们对团体辅导开展了积极的探索。1920 年维也纳医生莫里诺（J. L. Moreno）首创了心理剧方法，丰富了心理治疗的技法。1928 年，奥地利的阿德勒（A. Adler）开展了进一步的探索，他组织以个体发展为主题的团体。由此，奠定了团体心理辅导的基础。

2. 发展期（二战至今）

二战后，心理辅导进入了飞速发展期。早在 1940 年，英国精神病学家福尔克斯在军人中开展的非结构式咨询辅导团体，其强调：沟通气氛—暴露—分析—领悟。1946 年，美国心理学家勒温建立了团体人际关系训练团体，用实验方法研究团体内的人际互动，体验式学习技巧被用于人际交往技能的教育训练。这种方法之后进入产业界、政府机构、大专院校。1949年，命名为"T小组"——人际关系训练团体。1950年，美国"国家训练实验室"NTL成立。20世纪60年代后，人本主义心理学兴起，美国心理学家罗杰斯大力倡导交朋友小组。从训练团体到交朋友小组的转变，从人际技巧训练到个人成长，得到了进一步的运用和推广。80年代，进入了日常生活的实际运用。

三、团体心理辅导的功能

教育功能：团体辅导通过成员相互作用来协助他们增进自我了解、自我抉择、自我发展，由了解自己而逐渐增进自我接纳与自我价值感，从而达到自我实现。

发展功能：团体方式的活动，不但给成员发展提供必要的资源和背景，改进其不成熟的偏差态度与行为，而且促进其良好的发展与心理成熟，还可以培养其健全的人格及协调的人际关系。团体辅导还帮助每位成员制订具体的、可测量、可观察的目标，并帮助成员朝此目标行动。

预防功能：团体辅导是预防问题发生的最佳策略。通过团体活动，通过成员间交流、研讨可能遇到的问题及解决途径，培养问题解决能力，防止问题发生，减少心理问题的影响。同时成员对自己有了更多的了解，懂得了什么是适应行为，什么是不适应行为；通过彼此交换意见、互诉心声、相互启发，形成正确的认识和积极的态度，起到预防与发展的作用。

治疗功能：由于辅导的情境比较接近日常生活与现实状况，在团体情境下处理情绪困扰与心理偏差行为，易收到效果。

四、团体辅导的类别

根据不同的标准，团队辅导可以分为多种类型：

1. 依据理论依据的不同，可以分为精神分析团体辅导、行为主义团体辅导、认知—行为团体辅导和交朋友小组团体辅导。

精神分析团体辅导主要运用团体动力学来辅导；行为疗法则是行为主义辅导的主要方法；认知—行为团体辅导则兼用行为训练和认知调整；人本主义则是交朋友小组团队辅导的指导原则。

2. 依据辅导遵循的模式及目标不同，可分为发展性辅导、训练性辅导和治疗性辅导。

发展性团体心理辅导的主要目的是通过团体成员的主动参与、表达自己而找到大家共同兴趣与目标，再在此基础上通过交流、体验和反思，得到心智的发展，重点放在自我成长和自我完善。

训练性团队辅导帮助成员去学习新的行为，改变不适的行为。辅导强调此时此地的成员，不涉及过去的行为，主要训练人际关系技巧，促使其产生并维持有利于个体成长的行为。

治疗性团体辅导主要针对成员在生活中遇到的某些问题进行辅导。指导者将团体注意力集中于不同的个体和问题上，关注成员在思维与行为上的改变。

3. 依据计划程度的不同，可分为结构式辅导和非结构式辅导。

已做好团体辅导整个计划，并在进行的过程中不加改变的辅导称之为结构式辅导；没有固定计划，对辅导的开展进行调整，其灵活性大，这样的团体辅导叫做非结构性辅导。

4. 依据参加者的固定程度不同，可分为开放式团体辅导和封闭式团体辅导。

开放式团体辅导没有固定的人数，可以在进行过程中吸收更多的成员；封闭式团体辅导在组建团体后不再允许新成员的加入。

5. 依据辅导员在辅导过程中作用的大小，可分为指导性团体辅导和非指导性团体辅导。

指导性团体辅导是强调指导员在团体中运用各种方法加强对团体的指导，帮助团体成员进行分析，促使他们调整改善与人的关系，学习新的态度与行为方式，提高生活适应能力。它强调指导员在活动中起的作用，对指导员提出了很高的要求。非指导性团体辅导则不然，指导员在其中的作用就好比是观察员，一般在旁观察团体与个体的活动，主要起协调作用。

依据团体成员的背景相似程度不同，可分为同质辅导和异质辅导。同质辅导是指个体在某些特质上（如年龄、兴趣、性别、问题等）的相似。对具有相似点的成员组成的团体进行的辅导叫同质性团体辅导。异质辅导指团体成员自身的条件或问题差异大、情况比较复杂，如年龄、经验、地位极不相同的人，成员抱有的问题也不同。

第二节　团体心理辅导的优势

团体心理辅导与个别心理辅导最大的区别，在于学生是在团体中通过成员间的交流、相互作用、相互影响来实现对自己的问题的认识，从而解决自己的问题。与个别辅导相比，团体辅导有四大优势：

一、团体心理辅导感染力强，影响广泛

个别辅导是班主任与学生单向或双向沟通的过程，然而团体心理辅导是多向沟通的过程。对每一个学生来说，都存在多个影响源。每位同学不仅自己接受他人的帮助，也可以帮助自己身边的同学。另外，在团体情境中，可以同时学习模仿多个团体成员的适应行动，从多个角度观察自己。在团体心理辅导的实施过程中，同学们彼此支持，思路广泛，对于同一个问题或是多个问题共同思考或商议解决的办法，大大地调动了学生自己的积极性。

二、团体心理辅导效率高，省时省力

与个别心理辅导相比，团体心理辅导是一位班主任对全班或其中一部分同学，整体解决大家共同存在的问题或是培训提高，极大地节省辅导的时间和人力。团体心理辅导的一个显著优势还在于能够起到预防问题发生的作用，它是利用了集思广益的研讨方法，谋求问题发生后的处理方式，这是预防学生问题比较好的一个方法。

三、团体心理辅导的效果容易巩固

团体心理辅导创造了一个类似真实的社会生活情境，为学生提供了社交的机会，为他们真实地表现自己提供了情境。在充满信任的良好氛围中，通过示范、模仿、训练等方法，学生可以尝试与其他同学修复或重建良好的同学关系，如果能在团体中的行为有所改变，这种改变会延伸至团体之外的现实生活中，辅导所起的效果就真正发挥了它的作用。

四、团体心理辅导适合人际适应不良的同学

团体心理辅导对于人际适应不良的同学有特殊的作用。一般的青少年缺乏社会化的经验，在学校或社会上经常发生人际关系冲突或不愿意与人接触的现象，这样的青少年可以参加团体心理辅导。或者，有些同学缺乏客观的自我评价，缺乏对他人的信任感，过分依赖或过分武断。团体心理辅导是解决人际关系问题非常好的一种方法。

第三节　发展性团体心理辅导

一、青春期发展教育

渴望、喜欢与异性同学交往，这是青春期学生性心理发展的必然。然而，由于受各种因素的影响，学生在异性交往方面却出现一些不良的现象。比如有的学生因为受"男女授受不亲"的思想的影响，或个人早期生活中的不良经验的影响，或个人的内向、胆小、缺乏自信等影响，在与异性交往时表现得过分害怕、紧张，甚至恐惧。有的学生则受西方文化或现代社会风气的影响而表现为与异性交往过分随便、没有分寸，甚至放荡不羁。这两种情况都不利于学生的健康成长。因此，通过"怎样恰当地与异性同学交往"的心理教育课，来引导学生认识到适当与异性交往的原则，并学习以正确的方式方法与异性同学交往，这是非常重要的。

辅导实例

辅导目的：

1. 认知目标：了解异性交往对个体成熟发展的重要性及了解异性交往的原则。

2. 态度和情感目标：培养积极的交往态度，端正动机，发展异性间的友谊。

3. 能力或问题解决目标：掌握恰当异性交往的方式，调整不当的行为模式。

攻克难点：

帮助学生树立异性交往的正确观念和态度，初步掌握与异性同学相处的原则和艺术。

教学难点：

掌握与异性相处应该注意的准则，克服异性交往的困难，促使学生与异性友好相处。

辅导前的准备：

1. 通过座谈或问卷调查，了解学生异性交往现状。

2. 准备多媒体课件。

课时安排：

1 课时

辅导过程：

一、课题引入

（播放歌曲《童年》）转眼间，我们长大了，告别了童年，进入了人生最美丽的黄金阶段——青春期。在这个阶段我们要面临一个问题——异性交往。这是一个既让人向往又让人烦恼的话题。一方面我们需要友谊，需要朋友，需要不同性格不同性别的朋友；另一方面我们又常常被提醒，与异性交往千万要小心，警惕危险！真有那么危险吗？还是一点点危险也没有？我们究竟该怎么办？

这节课我们就通过个案分析和讨论来解决我们的困难，初步学会树立正确的异性交往的观点，掌握异性同学交往的原则和艺术。

二、个案讨论

案例：小洁和小丽两位女生在上学的路上遇到了异性同学小刚。小洁上前打了一下小刚的头并大声叫出小刚的绰号，小刚生气了，转而攻击小洁，两人吵了起来。这时，小丽拉住了小洁，并对她说："走走走，我们走！别理他们男生，我妈妈说过，好的女孩子不能和男生打交道，他们男生都不是好东西。"

班主任引导同学们进行讨论。

讨论问题1：想一想，个案中的他们，这样做、这样说对不对？为什么？

讨论问题2：异性同学怎样交往？交往的原则是什么？

班主任最后总结：异性交往首要的一点就是自尊自爱，第二是要有礼貌。比如刚才个案中的异性交往就是失败的交往，女生小洁举止轻佻，还叫别人的外号，尊重是相互的，对别人无礼，别人怎样对你有礼呢？

在异性交往中我们每一个人都要扮演好自己的性别角色。我们认为男生应该有宽广的胸怀，充满阳刚之气；女生应该温文尔雅，具有阴柔之美。

讨论问题3：男女同学各有哪些优点？

班主任总结：男同学大多具有兴趣广泛、知识面宽、思想活跃、性格豪爽的优点。而女同学更多地表现出娴静、文雅、温柔、大方、善于体贴人的长处。

三、男女同学交往的意义

那么怎样才是正确的异性交往观呢？我们现在来明确一下男女生交往的意义。（出示课件：《男女同学交往的意义》）分四人小组讨论。

班主任讲解：

1. 增进相互了解，消除少年期所特有的神秘感；

2. 学会与异性交往的基本规范。

因此，男女同学交往是参加社会活动的需要，是人际交往的重要内容，有利于个人心理健康发展。

四、男女同学交往的原则

我们提倡男女同学交往，那么是不是男女同学交往就没有原则了呢？我们来看一个案例。

我来讲讲我的故事：1996年，我16岁，品学兼优，在一次春游活动上，因为与一个平时比较要好的同班女生单独合影一张而被大家疑为

"恋爱"，的确，我平时在与这位女生的交往中，不是很注重自己的行为举止。所以当时，我们被要求交代自己所有的"隐私"，在高压之下，在异样的目光中，最后我不得不离开学校走上自学之路。

讨论：男女同学交往的原则是什么？

班主任总结：

男女同学正常交往的基本原则：

1. 交往宜广不宜窄

"广"指的是男女同学要广泛地建立起真挚无私的互帮互助的关系，"窄"指的是异性同学之间的长期单一的交往，就有可能失去了解其他异性同学和扩展友谊圈子的机会，不利于中学生个性的完善。

2. 交往宜疏不宜密

不要与某一异性同学的交往时间过长或过密，要注意男女同学的交往频率要疏一些，这样你会有更多的机会了解各种禀赋、气质的异性同学，对自己的成长有利。

3. 交往要在集体中

集体是个人成长的园地。在集体中同学们朝夕相处，相互合作、帮助、共同进步，加深理解，良好的集体能使男女同学建立和保持珍贵的友谊。

4. 异性同学交往要注意言行、举止

要热情而不轻浮，大方而不庸俗，讲究仪表谈吐，讲究文明礼貌，不做任何超越朋友界限的事情。

总之，在青少年之间，无论是同性或异性，由于朝夕相处，又为同一目标的奋进而互相帮助、互相关心、互相学习，由此而产生或存在的友谊是正常而无可非议的，这是一种高尚的道德力量。

五、交往原则应用

案例：刘明借小虹的字典用，用完了，刘明还了小虹，并对她说："字典里夹着一个好东西。"小虹一看，原来是张纸条，写着："小虹，我已默默地注视你好多天了，每天上课我都要把目光偷偷地转向你，晚上一闭眼，全是你的影子，我现在已经学习不下去了。今天晚上7：00到河边谈一谈好吗？"晚上，两人来到了小河边，……

讨论问题1：假如小虹将信交给了班主任班主任，并不再理刘明，这对他今后的学习生活会有什么影响？

讨论问题2：……从此两人密切往来，刘明大献殷勤。你认为这样对他俩今后的学习生活有什么影响？

六、心灵交流

男生：我们欢迎这样的女生……

女生：我们欢迎这样的男生……

总结：不论是多情的诗句，漂亮的文章，还是闲暇的欢乐，什么都不能代替无比亲密的友情。——普希金

二、未来职业规划

学生在学习的同时，需要对未来的职业有一个规划和构想，但是，学生往往缺乏这方面的知识与经验，这就需要班主任与家长共同帮助学生清醒认识自我、准确定位，以后积极努力地学习。

辅导实例

清华大学心理学系博士后张黎黎曾经开展过一次成效显著的职业教育课。

辅导过程：

活动从围成一圈轮流自我介绍的轻松氛围中开始，然后由团体领导者张博士向同学们介绍了团体规则，希望同学们能够放松心情，敞开心扉，认真并快乐地投入到各项活动中去。此次参加心理辅导的同学从初一到高三分布在各个年级，许多同学之间还并未相互熟悉，大多是关系好的坐在一起，鉴于这种情况，张博士组织大家做了一个"大风吹"

的游戏，让具有某些相同特征的人能互换位置，从而使同学们离开自己熟悉的环境进入一个相对陌生的环境，增进交流，获得积极的情绪体验。当营造好愉悦而又安全的团体氛围后，张博士便带领大家开始了心理辅导的实质性活动——以未来发展为导向的测试职业兴趣和倾向的游戏"海岛迫降"。

张博士在大屏幕上先后展示了一系列的岛屿图片和介绍文字：有 R 岛——自然原始的岛屿，I 岛——深思冥想的岛屿，A 岛——美丽浪漫的岛屿，S 岛——温暖友善的岛屿，E 岛——显赫富足的岛屿，C 岛——现代井然的岛屿。一一介绍完后，张博士便请全体成员选择自己喜欢的和想要归属的岛屿，每个岛的岛民聚成小圈相互讨论、交流自己选择的原因，共同选出一个岛主，并一起协商岛屿未来的规划，然后一起用彩笔在一张大白纸上画出规划好的岛屿蓝图。蓝图完成后，每个岛的岛主或岛民代表便向其他岛上的成员展示自己岛的作品，并对其作出详细解释。这一系列的活动结束之后，张博士才向大家揭开了谜底，不同的岛屿代表不同的职业类型：原来选择 R 岛的同学适合现实型的职业，选择 I 岛的同学适合研究型的职业，选择 A 岛的同学适合艺术型的职业，选择 S 岛的同学适合社会型的职业，选择 E 岛的同学适合企业型的职业，选择 C 岛的同学适合常规性的职业。原来"海岛迫降"的游戏是帮助同学们在不知情的情况下根据内心真实的意愿来进行职业兴趣的探索。社员们在明白游戏的真正用意后恍然大悟：原来选择过程中已经表现出了自己的个性特征和目前的职业兴趣，同时社员们还惊喜地发现自己结识了很多和自己十分相似和投缘的朋友，于是都忍不住彼此热烈交流起来。

这时，活动已经接近尾声，张博士便将开展此次团体心理辅导的目的和意义娓娓道来："'我的未来不是梦'是因为我们明白未来的发展方向，这一次的活动主题就是希望大家能在选择过程中倾听内心的声音，对自己的职业兴趣能有一个初步的判断和参照。"

另有一位老师则提供了另一套职业规划的训练案例。

辅导目的：

高二学习任务逐渐加重，关于学习方面的问题逐渐显露出来；高三面临高考，紧张的气氛逐步弥漫，焦虑情绪由此滋生，填报志愿又关系到以后的职业取向，面临取舍两难的境地。班主任注意到学生的这些需要，以学生愿意接受的方式，为学生解决问题。

辅导过程：

活动1：出1~2期以"理想与信念"为主题的黑板报

"职业指导之父"弗兰克·帕森斯认为：职业成功的核心是两者相互匹配，世上没有最好的职业，只有最合适你的职业。通过对世界杰出人才的调查表明，及早确立职业目标并做好相应的职业准备，是成功者不可或缺的条件之一。因此我们建议学生在黑板报上可安排如下内容：

内容之一：成功人士的经历。通过这些人物的事例，树立了成功的榜样，让学生了解坚持、自信、有恒心是成功的重要个性特征，而崇拜权威、因循守旧、固执己见、狂妄自负等是有碍成才的人格特征。

内容之二：我国职业分类与高校专业类别的简介。虽说行行出状元，但学生对有哪些职业都不知，那么从何谈起职业兴趣、专业选择？

内容之三：升学与就业因素分析。填报志愿，实质是一种价值判断，一种对未来利益的取舍。告诉学生，填报高考志愿前，一要了解自己的个性特点，二要了解职业行为。同时为后面的活动作了铺垫。

内容之四：班中同学的投稿——谈谈自己的理想与自我打算。在班级中起到"抛砖引玉"之功效。

活动2：做一份职业导向的心理测试卷

全班学生做了一份职业导向的心理测试卷。

这个职业分析的关键并不在于向学生介绍社会百业，而是帮助每一个学生分析个人的职业兴趣之所在。十几岁的孩子往往并不是很清楚"自己将来想干什么"和"能干什么"之间的关系。但在他们的行动、爱好和学习中所表现出来的某种兴趣和才华，都可能暗示着他们未来事业的端倪。帮助学生发现自己的长处，有目标地设计个人的未来，这是职业兴趣分析的独到之处。这对孩子尽快找准生活的目标，提高学习效率，帮助社会就业都有好处。通过职业目标测试和自我能力衡量，使同学对自己的个性、兴趣、能力有更深刻的了解，为同学的志向选择、志愿填报作指导，以树立目标，把握未来。但要注意，测试的结果仅仅是一种参考。

活动3：对学生家长采访

此项活动是为了让学生了解工作的性质，也是学校对家庭资源的一种利用，也有助于学生与家长的沟通，缓解由于父母的期望所带来的压力。

不同的职业对从业人员都有一些比较特别的要求，选择从事不同职业的家长，邀请他们到学校与学生座谈，让同学们了解他们的工作环境和工作过程，了解从事此项工作所需的各种知识、技能以及培训，了解他们在大学就读的专业，了解他们的兴趣爱好与工作的关系等。然而由于时间比较紧迫，此项活动没有开展。因此，我们设想此类活动可在高二下半学期的时候就可以开展了。高二升高三的暑假期间，学校开展的社会实践活动，可以让学生以兼职的形式参与工作，以便更深入地了解工作的性质。

活动4：主题班会

主题班会"我的选择，我的未来"是此次辅导的高潮。由学生主持，邀请了学校分管心理的张德海校长、学生处的陆咏梅老师共同参加。首先是师生问答：您是如何选择志愿的？您学的专业是否是你的兴趣？您工作中最大的乐趣是什么？……，通过问答，学生了解了他们最熟悉的"教师"这一职业的性质。然后上演学生自编、自排的有关小品：英语小品《Job 和 Career 的区别——引申职业与事业的关系》，小品《Look For My Job》，游戏"猜职业名"（用英语描述），趣味测试等。这一系列的活动是以学生喜爱的形式进行的自我教育，在活动过程中学生所体验到的喜怒哀乐等各种情感，往往有助于学生澄清自己的价值观、兴趣、期望和对职业的喜好等。最后，老师总结发言，勉励大家努力学习，准确定位，合理选择，人人成材。

第四节　训练性团体心理辅导

一、人际交往训练

美国著名教育家卡耐基曾经说过："一个人的成功，15%靠专业知识，85%靠人际关系和处世技巧。"学生在学习以外，同样要掌握与他人交往的技能。

辅导实例

辅导目的：

通过此次心理辅导，旨在让学生们认识到人际交往的重要性，并且学会一些与人交往的技巧。首先，希望同学们在班里处理好与同学和班主任的关系，在家里处理好与父母的关系，然后更好地投入到学习中。

辅导前的准备：

班主任选择好一个开阔的场地，可供全班同学围成圈席地而坐。

辅导过程：

班主任先让大家围成一圈坐在地上。

"大家下午好！天气多好啊，深深吸一口新鲜空气，心情就会变得很好。"班主任示范地吸气。

学着饱饱地吸了一口气，大家精神了不少，微笑和惬意开始传播开来……

游戏 1："你戳我爆"

班主任说："今天活动的主题是'结伴同行'。我们先玩热身游戏'你戳我爆'，请大家在一分钟内找个同伴，手拉手坐在一起，但不能两位女生结伴。"

班里总共才 6 位女生，男生对游戏规则心领神会。哄笑声中，一些勇敢的男生拉起羞答答的女生，很快一一组合成双人组。

班主任满意地点点头："请每组的两位同学比比看，指甲长的为 A，短的为 B。我会给 A 发一个气球，给 B 发一条绳子和一根牙签，然后请 A 吹气球，B 帮着绑气球。"

也许与气球久违了，大家仿佛又回到童年，鼓起腮帮用力地吹，五颜六色的气球在头顶跳跃着。"啪"、"啪"，有调皮者用牙签捅破自己的气球，又去捅其他人的，以致许多人堵住耳朵，有些女生四处奔散，场面有点混乱。

"大家不要急着戳气球，听清楚要求再动手：B 用牙签戳破气球，但不能将气球戳爆。最先成功的，可得到一件小礼品。"

有人将牙签轻轻触碰中间鼓起的部分，立刻听见"啪"的一声，手里只剩下气球的"尸体"！有人闭着眼睛，将牙签慢慢往软的地方戳，如吹气口及其另一端，随着牙签的深入，表皮在凹陷，他的脸扭曲了，手快僵直了，等待着爆裂声……但是，成功了！

"大家能告诉我为什么吗？"

"气球两端较松弛，表面张力小，所以不容易破；中间绷得紧，表面张力大，所以容易破。"不愧是学物理的，大家很快地回答。

班主任意味深长："对。其实，这个物理原理和人际交往是相通的——在和他人交往时，你千万不要触碰对方的紧张面。例如，有的同学家境贫寒或个子很矮，很不乐意别人谈论自己这一点，你就要避开这个话题，否则，容易像牙签戳气球一碰就爆，引发反感、争吵甚至打架。反之，你可以找对方松弛的一面去交流，更容易拉近彼此的距离。"

游戏 2："你夸我笑"

这个游戏在团队中进行，大家组合成 8 个圈，围坐在草地上。游戏规则是：每个团队先请一名队员坐到圈中央，依次接受队友们的夸奖，每位队友必须当面说出三个优点……依此类推，每位队员必须轮流坐到圈中央接受赞扬，要求队友们的赞美必须真诚，即对方确实有值得表扬的优点。

然而，谁先坐到圈中央，却成为各队的难题，因为大家都很谦让，有人甚至担心游戏会因自己的优点太少而进行不下去。经过猜拳或讨论，在大家掌声的鼓励下，终于有人羞涩地坐到圈中央。但是，谁先开口赞美，又成为一个问题，因为中国大学生对于夸奖别人，还是很不习惯——四目相对，已够令人别扭，何况还要直露地赞扬呢！

按照规则，每位队友必须看着"圈中人"的眼睛，举出对方三个优点，所以最后发言的人总是很紧张，担心优点被前面发言的人说光了。没想到，大家似乎有说不完的优点——

"你上次帮我打水，说明你乐于助人。"

"你的头发又黑又亮，很漂亮。"

"你很幽默，大家都喜欢和你在一起。"

"你没有痘痘，皮肤真好。"

……有些夸奖让旁人忍俊不禁，但被夸者还是美滋滋的。

在不断的笑声中，游戏少了最初的拘谨，大家放松地融在一起。尤其是游戏结束后，大家都从别人嘴里获悉自己有 18 个优点，不管平时多内向的人，此刻脸上都写满了自信。因此，很多同学在分享中表示："真的没想到，我有这么多优点！"

主持人引导大家："你们有没有发现，当你表扬对方时，对方很开心，也很乐意听，双方的距离在无形中拉近了？"

"是！"大家异口同声。

"林肯说过：'每个人都喜欢被赞美。'人类行为学家约翰·杜威说：'人类本质里最深远的驱策力，就是希望具有重要性，渴望被赞美.'因此，对于别人的成绩与进步，你要肯定、表扬和鼓励。当别人有值得褒奖的地方，你就要毫不吝啬地诚挚赞许，这样能带来和谐而温馨的人际关系."

游戏3："你挽我行"

"请大家再次组成双人组，同样不能两位女生结伴。两人手拉手站在一起……好，请相互比一下，头发长的为A，短的为B。我会发给B两个连着的垃圾袋，将A的眼睛蒙起来."

大家哄笑起来——用黑色的垃圾袋蒙眼睛，本身就是略带幽默的事情。在夹杂着吵闹的笑声中，A的眼睛被蒙了起来，但有人总想留一条缝偷看——一片漆黑的感觉，让大多数同学有点不安。

"请大家不要偷看，这只是游戏而已，体验才有意义嘛。下面，A将在B的挽扶下走过一段坎坷的道路，大家整个过程中不能说话."主持人指着草坪另一端刚竣工的——一座苏州特色的园林式建筑，高高的台阶，迂回的长廊，雅致的小桥——陌生的环境，更利于游戏的开展。

B挽扶着A，在主持人的手势下领头。而A由于眼睛被蒙住了，失去了方向感，走路不像平时那么潇洒，向后躬着腰，步子灌满了铅似的向前蹭着，头不时地低一下，总感觉会碰到什么东西，内心充满了恐惧与无助。

拉着同伴的手，这些独生子女开始体验信任：相信同伴的人，就能轻松地迈开步子，有的甚至一路小跑着；而对同伴半信半疑的人，只能一小步一小步地缓慢移动。上台阶时，挽扶的同学小心翼翼，捏紧手示意同伴小心，有的情急之下违反规则喊出了话——同伴给予信任时，自己会深深地感受到责任。

往回走的时候，轮到A给B蒙眼睛，角色互换使大家体会很深。有位同学在分享时说："活动之后，我不断地回想整个过程，不断地自省。同伴非常缓慢地扶着我，依着我的步子前行，以我的速度决定他的步伐。但是，轮到我扶他时，我不停地使劲拉着他，要求他跟上我的步伐……整个过程中，同伴都是站在弱者的立场，体谅着弱者的心情，给需要帮助的我带来充分的安全感，而我真该自惭形秽。"

游戏4："你写我猜"

每位同学都分到一张贺卡和一节胶布，要求将贺卡反贴在背上，大家互写赠言。写赠言时，大家像大虾一样弓着腰，有时三五成群，有时排成一串，场面实在滑稽，但大家热情很高。

有的赠言充满希望："在给别人送出祝福的时候，自己也收到了祝福。今天是我们收到祝福最多的一天，但明天会得到更多的祝福。"

有的赠言流露温情："从赠言中可以体会到，有许多人在关心着你，在默默地祝福着你。"

有的赠言洋溢激情："平时见大明星们签名蛮潇洒的，今天也有机会表演一回，爽！琢磨着大家给予自己的评价，尽管其中不乏搞笑的成分，但是，每个人真切地感受到了班级亲情的存在。我们是一个团体，坚决不搞'分裂'，唯一的信念就是患难与共！"

......

两个多小时的游戏到此结束了，填满了全班同学祝福的贺卡，成为一件永久的纪念品，里面浓缩了这次活动的内涵：尊重、赞美、自信、信任、宽容……——赢得好人缘的秘密武器。

二、学习习惯培养

良好的学习习惯是学生学习好坏的一个关键，现在，很多学生非常苦恼于没有良好学习习惯这个问题。班主任应该帮助自己的同学，采用团体心理辅导的方式，训练同学们的学习习惯。

辅导实例

发放调查问卷：

第一步，将学习习惯检查表印发给学生，人手一份。

第二步，指导小学生阅读、填写。

指导语：请同学们仔细阅读表中的每一个问题，结合自己的具体情况，想想看，认为符合自己的实际，就在题号后面的括号里打上"√"号，不符合的就打"×"号，并举例演示。然后问：懂了吗？会不会做？好，懂了就从第一题开始做，不要漏题，做好了再检查一遍，45道题是不是都做了，开始。

小学生学习习惯检查表

1. 上课时，必要的学习用品都带齐了。（　　　）

2. 经常迟到。（　　　）

3. 总是在前一天备齐学习用品。（　　　）

4. 课堂上能积极提问或回答问题。（　　　）

5. 上课时，在笔记本上乱写乱画。（　　　）

6. 能爱护教科书和参考书。（　　　）

7. 考试答卷写得很认真。（　　　）

8. 总是在规定的时间和地方学习。（　　　）

9. 学习时有小朋友来找我，就跟他去玩。（　　　）

10. 在书桌前坐下就开始学习。（　　　）

11. 出声地读课文。（　　　）

12. 放学回家后马上写作业。（　　　）

13. 学校学过的功课回家后认真复习。（　　　）

14. 发回的试卷每次都给家长看。（　　　）

15. 预习明天的课程。（　　　）

16. 每天按规定好的时间学习。（　　　）

17. 对自己不明白的问题有查字典或参考书的习惯。（　　　）

18. 对自己学得不太好或不喜欢的功课也能努力学。（　　　）

19. 因贪玩占用了学习时间。（　　　）

20. 有一边学习，一边看电视或听收音机的习惯。（　　　）

21. 玩和学习的时间划分得很清楚。（　　　）

22. 起床和睡觉的时间每天都不同。（　　）

23. 一边学习，一边吃东西。（　　）

24. 有时会讲"我做了可怕的梦"这样的话。（　　）

25. 喜欢开玩笑引人发笑。（　　）

26. 受到批评后总是闷闷不乐。（　　）

27. 说过"学习无用"一类的话。（　　）

28. 学到的知识经验经常忘记。（　　）

29. 考试分数不好，总放在心上。（　　）

30. 班主任在与不在教室时，表现一样。（　　）

31. 愿意和班主任一起玩。（　　）

32. 在背后说班主任的坏话。（　　）

33. 受到哪位班主任表扬，感到学习有乐趣，就喜欢听他的课。（　　）

34. 受到哪位老师批评，讨厌读书，就不愿听他的课。（　　）

35. 喜欢参加运动会、汇报演出会、文化娱乐活动等文体活动。（　　）

36. 常常受到老师的警告。（　　）

37. 常常受到老师的表扬。（　　）

38. 每周制定自己的生活计划。（　　）

39. 每学期开始，能明确提出新的努力目标。（　　）

40. 能合理安排寒暑假生活，并认真执行计划。（　　）

41. 对自己擅长的功课能更加努力去学。（　　）

42. 在学习上能与同学互教互学。（　　）

43. 在学习上表现出竞争意识。（　　）

44. 在背地里讲同学的坏话。（　　）

45. 能充分利用图书馆或阅览室的书。（　　）

进行讨论：班主任以"我学习中的种种困难"为题，让大家展开讨论。

最后讲解：班主任传授各种提高学习能力的知识。

后续辅导任务：学生们在活动结束后，填写目标达成表格，由老师和各位同学监督。

第五节 治疗性团体心理辅导

一、攻击性学生问题

拥有攻击性行为的学生应该受到班主任的格外重视，对于这一类的学生，一般是采取个别辅导，但是团体心理辅导如果设计得好，也可以收到很好的效果。

辅导实例

这是一堂在电教室里上的南宁市红星小学四年级某班的团体心理辅导课。男生和女生分成两边，整整齐齐地"男左女右"坐好后，李铃铃老师开始进行游戏导入，她对学生们说："没有人发号施令，没有人规定节奏，但是要求没有多余的掌声。"学生们按照李老师的手势开始鼓掌，在李老师嘎然停止的时候，学生们也必须停止。

有个别学生多鼓了掌，李老师就问"小尾巴在哪里"，直到大家都做好这个游戏后，李老师让学生举手回答为何没有多余的掌声了。学生把他们的理解回答后，李老师说："我没有说话，但是大家都能明白我的意思，说明我们的心灵是相通的，那么你们愿意把心里话大胆地告诉老师吗？"学生们大声齐呼"愿意"。

然后李老师通过两个简短的童话让学生猜猜这堂课的主角是班上的谁。所有的小手又齐刷刷地举了起来，他们一猜就猜到是明明（化名），然后李老师就用多媒体把明明5岁时的照片放了出来，说明明从前也很可爱，当时他就说过自己要做世界上最伟大的男子汉，那么我们全班同学一起来帮助明明成为真正的男子汉好不好，学生们大声回答"好"。

李老师让学生们说说明明的缺点，同学们你一句我一言地说他喜欢打人、脾气暴躁。这时候，李老师已经拿出了一个圆柱形的遮阳斗笠，让学生说说这像什么，有说像漩涡的，有说像金字塔的，有说像三角形的。接着她又拿出了一支铅笔，有学生说像圆点、像长方形。

最后，李老师说，一个物体从不同的角度看就是不同的状态，人也一样，从不同的角度看就可以发现他的亮点，人无完人，明明有他不好的地方也有好的一面。李老师说着拿出了一张无论造型还是色彩都很不错的国画，说这是明明在班主任节那一天早上，放下书包马上掏出来送给她的，祝她节日快乐。

接着，李老师在黑板上画出了一个区域，说那代表明明的品质，有优点就画一个心形。于是，同学们你一句我一言地说明明的优点："他曾经把卷筒粉让给老师吃"，"他借笔给同学"，"他曾经帮助过被欺负的小同学"……而明明这时候已经站在讲台上依照同学们的每一次发言给自己画上心形，很快黑板已经挤下了二三十个心形。

李老师最后总结说："明明只有喜欢打人、脾气暴躁两点缺点，但是他却拥有这么多闪光点，所以只要他改掉那两点缺点就可以成为真正的男子汉了。另外还有一个大家都不知道的事情，他曾经给公交车上的一个老爷爷让座，连明明的父母当时都睁大了眼睛。"

说着，李老师在黑板上用一个超大的心形围上了所有的小心形。很快活跃的心理辅导课在大家依依不舍中结束了。记者留意到，明明整堂课都非常乖，很配合，下了课似乎若有所思的样子。一名女生对老师说："我们很喜欢这样的课，不但典型的同学受到了直接的教育，所有的同学都可以想到自己的优缺点从中受到启发。"

二、班级不团结问题

一个团结的班集体，同学关系、师生关系都十分融洽，同学和睦相处，师生互敬互爱，每个人生活得愉快而且充实。这样的环境陶冶人的情操，发挥人的潜能，最大限度地促进学生的身心的健康发展。促进班集体的团结，首先要使同学认识到个人和集体的关系，个人是团体的一分子，一个团结的集体依赖于每一个团体成员的努力，要以集体利益为重，要维护集体的荣誉。班级里每一个人都要相互团结和协作，才能形成团结的、有力量的集体。相互猜疑、嫉妒、排挤、打击只能削弱集体的力量。

辅导实例

辅导目标：

1. 教育同学认识到班集体团结的重要性。

2. 教育同学认识到个人与集体的关系，个人在团体中的角色、地位和责任。

3. 使同学认识到班集体的团结需要每一个同学的努力。

辅导方式：

讲述、讨论、游戏。

辅导前的准备：

1. 集体活动录像带或者图片（可自制）。

2. 录像放映设备。

3. 白纸及绘画用蜡笔。

4. 奖品若干。

辅导过程：

1. 先组织学生观看集体活动的录影带（如体育运动、游戏活动等），或展示集体活动的图片，后与同学讨论每一个角色的重要性。例如在体育运动中（以足球为例，其他活动原理相同）：

①前锋是做什么的？后卫是做什么的？守门员是做什么的？哪一个更重要？

②前锋踢球踢得好，比赛就一定会赢吗？守门员守得好，比赛就一定会赢吗？少数队员表现好，比赛就一定会赢吗？为什么？

③怎么样才能赢得比赛？

④除了球技好之外，还要怎样才能成为好球员呢？

⑤如果你是一个球员，你希望你的队友怎样，不希望他们怎样？

2. "冲出包围圈"游戏

将全班分成两组，一组为包围者，一组为突围者。所有包围者手臂相勾围成圆圈，形成包围状。突围者则单兵作战，突围队员先站在圈内，然后可以采用各种方法闯出圈外。阻挡者彼此齐心协力阻拦该突围者闯出。一分钟以后，换过其他突围队员，直到所有突围者轮完为止。

组织学生讨论以下问题：

①包围者成功了几次？失败了几次？为什么会失败？

②突围者成功了几次？失败了几次？为什么会失败？

③包围者在游戏中的体会如何？是否感到团体团结的重要？

④突围者在游戏中的感受如何？单兵作战容易吗？

⑤班集体的团结重要吗？

⑥我们班的同学是否团结？怎么样才能促进我们这个班集体的团结？

老师和同学一起整理出若干规则，形成班级公约，张贴于教室，要求学生遵守。

3. "众志成城"游戏

班主任在操场上画2~3个1平方米的正方形（大小可以根据具体情况调整）。将全班同学分成2~3个组进行游戏。游戏规则是每位同学可以用任何方式进入正方形，但不可以脚踏出正方形的外边，要求全部同学都在正方形内。先完成活动任务的小组获胜。这个游戏目的在于培养同学们全力合作的精神，使他们认识到班级是一个整体，只要大家团结一心，就可以众志成城。

4."接力续图画"活动

将全班同学分成若干小组。班主任统一规定一个题材（如"下课了"，"未来的城市"），要求每个小组在限定的时间内（每个同学限时作画3分钟，总的时间依同学人数而定），运用各人的想象力（越新奇、越有创造力越好）轮流接力将图画完成。同组的成员可以相互提供参考意见，但不可以代画，完成后进行评定，之后组织学生讨论以下问题：

①为什么获胜的小组的图画完成得好？

②他们的画画技术很高吗？

③为什么我们也在于促进同学之间的相互交流，培养同学的合作精神，达到促进班集体团结的目的？

班主任总结：希望能通过这些活动与游戏让大家明白一个道理，那就是团结的重要性，以此来改善我们班现在不够团结的现状，每一位同学都应该从中学习到个人与集体的关系：只有个人优秀，对集体是个内耗；只有个人与集体同样优秀，才能向更好的明天发展。

最后活动：大家共同唱一首歌。

第八章

知名心理疗法介绍

第一节 疏泄疗法

一、疏泄疗法介绍

疏泄疗法是布罗伊尔和弗洛伊德在临床中发展出来的一种心理治疗方法。1880 年，一位 20 多岁的女患者安娜，来到著名内科医生布罗伊尔诊室求医。安娜的症状是一侧肢体感觉丧失，强直性痉挛，说话困难，不能用自己的母语德语讲话，有时出现发作性意识不清，不认识周围的人，常自言自语。发作后嗜睡。布罗伊尔给她做了各种检查，都没有发现身体有器质性的病变。诊断为歇斯底里。用了许多方法都没有效，感到束手无策。一天，安娜又处于意识朦胧状态，自言自语，不认识周围的人。这时，守在她病床旁的医生听到她自语中似乎在讲述什么事，便断断续续地记录下来。以后，布罗伊尔给她试用催眠疗法，在她进入催眠状态后，把她曾说过的话的记录念给她听，意外地发现，她可以接着话茬讲下去，讲出了引起上述各个症状的生活事件及处境，同时表现出当时体验过的情感。催眠治疗结束后，讲话内容所涉及到的症状可暂时消失。以后用同样的方法使其他症状也相继消失。这个病例对弗洛伊德有很大启发，后来发现，即使不在催眠状态下，只要患者能讲出压抑在内心的精神创伤的事件，宣泄了相应的感情，各种顽固的症状都可暂时消失。这一方法布罗伊尔称之为"疏泄疗法"。

二、疏泄疗法的作用

疏泄疗法不仅对神经症、心因性精神障碍和各种心身疾病有较好的疗效，而且对正常人的心理问题也有很大的帮助。这一方法的基本原则是让患者或求助者将心中积郁的苦闷或思想矛盾倾诉出来，以减轻或消除其心理压力，避免引起精神崩溃，从而很好地适应社会环境。

当人们遇到这样或那样的精神创伤、挫折或打击后，不但会因为心理生理反应促使心跳加快、血压升高、胃酸分泌增多、植物神经功能紊乱而产生高血压、消化性溃疡等一类心身性疾病，也可以由于焦虑、恐惧、抑郁、愤怒等情绪因素而导致神经衰弱、焦虑症、抑郁症等精神疾病。

人们很早就注意到在受到各种精神创伤或刺激后，有的人会生病，而有的人却不会生病。其中一个很重要的因素就是他们对这些不良精神刺激能否正确对待与排解。人们发现，凡是能够正确对待有关事物与善于排解不愉快情绪的人，绝大多数都能保持心身健康而不生病。相反，总是积郁于怀或过分自我压抑的人，不但患高血压、消化性溃疡等疾病的比率较高，而且患各类精神疾病的比率也较高。

所以从心理卫生的角度来看，在遭遇到严重情绪创伤之后，强行压抑自己内心情感是不可取的，应将内心的郁闷痛苦宣泄出来。这是维护心身健康的一项重要原则。

在运用疏泄疗法进行治疗时，医生要对求诊者应采取同情、关怀与耐心的态度，让他们畅所欲言而无所顾虑，医生不可厌烦求诊者讲得太啰唆或重复，同时应向他们承诺保守秘密。待他们的精神疏泄达到一定程度后，再给予温和的正确指导。切忌采用说教，或过于严厉的批评，最好用设身处地的对比方法，让对方自己理解其思想与情绪反应的不恰当之处。

有些精神疾病患者可能把自己的精神创伤或内心矛盾压抑到潜意识内，同时表现为某种病态。病人在谈话时，就不能"回忆"起来，或者不能觉察到这些被压抑的痛苦心理因素而无法疏泄。这时可通过催眠或自由联想等技术来发掘这些被压抑的致病因素，将它们带到意识的层面，从而得到疏泄。

此外，精神疏泄不但可通过求诊者的倾诉或谈话来进行，也可通过运动、旅游、心理剧等方法来实现。

三、班主任如何运用疏泄疗法

一些班主任发现，学生有很多心事埋藏在心中，不愿意告诉家长和班主任，甚至不愿意告诉自己的好朋友。心事如果长期积压，就有变成心理疾病的可能。班主任虽然发现了学生这一情况，但是由于学生不肯配合班主任说出自己心里的话，事情就难以解决。

疏泄疗法十分适合班主任解决这一类学生的问题，班主任可以不必像心理辅导师那样专业，掌握疏泄疗法的精神即可。

学生之所以不愿意讲自己的心事，其中的一个原因是班主任在交流的过程中扮演了强势的角色，造成了学生的被动。

班主任完全可以将自己设定为倾听者的角色，甚至隐藏自己，营造一个安全自然的氛围。当学生置身于这个交流环境中，就会主动谈起自己遇到的一些问题。交流的空间可以多种多样，但是避免选择让学生觉得拘束的空间，例如办公室、教室等。交流时，班主任尽量表情轻松，适当引导，切忌逼迫，如果这一次学生不肯交流，要总结一下失败的原因，下次避免。

第二节　暗示疗法

一、暗示疗法介绍

暗示疗法是一种医生通过对患者进行积极的暗示来消除或减轻其疾

病症状的一种治疗方法。它通常应用于对心理疾病的治疗，但是在内科、牙科、妇产科及一些机能性疾病与心身疾病的治疗中，也常常作为治疗的辅助手段。

暗示对个体能够产生影响的事实，很早就已被人们认识到。对于暗示有着不同的解释，但一般认为暗示是个体无意中接受了他人、自己或环境，以非常自然的方式向其发出言语或其他刺激信息后，所作出的某种相应的反应，如产生特定的知觉、观念、信念、情感和行动的特殊心理现象。暗示的实现存在着发出暗示与接受暗示两个方面。从发出暗示的一方来说，不是通过说理论证，而是动机的直接"移植"；从接受暗示的一方来讲，对发出暗示者的观念也不是通过分析、判断和综合思考而接受，而是无意识地、避开人的认识作用而按照所接受的信息，不加批判地遵照行动。

暗示对人体的生理、心理及行为状态，都会产生一定的影响。当个体接受暗示后，不但可以改变随意肌的活动状态，而且也可以影响不随意肌的功能。由于这一原因，消极的暗示能够使人患病，积极的暗示能够使个体的心理、行为及生理机能得到改善，增强对疾病的痊愈和康复的信心，从而达到治疗的目的。

二、暗示疗法的分类

根据患者接受暗示时所处的状态，暗示疗法可分为觉醒状态下的暗示疗法和非觉醒状态下的暗示疗法两类。觉醒状态下的暗示疗法又有直接暗示疗法和间接暗示疗法之分。前者是指医生对静坐的患者，用事先编好的暗示性语言进行治疗；后者则是借助于某种刺激或仪器的配合，并用语言暗示的强化来实施的治疗。非觉醒状态下的暗示疗法是医生使患者进入催眠状态后施行的暗示治疗方法。由于各种信息都能起到暗示作用，因此语言、文字、表情、手势等均可作为暗示手段，这样就使暗示的方式多种多样。临床上常用的有语言暗示、药物暗示、手术暗示、情境暗示、榜样暗示等。不论采用何种暗示疗法，其治疗效果与个体对暗示的易感性有密切关系，同时，医生的权威性也有重要的影响作用。

三、班主任如何运用暗示疗法

学生尚处于身体成长中，心理也同样处于发展中，还不成熟。正是由于不成熟，学生易受暗示的影响。如果班主任适当发挥暗示的作用，会起到事半功倍的效果。

1. 语言暗示

语言交流是人们采用最多的一种交流方式，班主任也多采用语言与学生交流。学生有接受语言信息的能力，并且随之联想，在自己心中留下印记。班主任若是强制地灌输自己的某种思想，往往会引起学生的逆反心理。

班主任可以在日常聊天中，将一些正面信息"不经意"地传递给学生，引发他们正面的联想，班主任要多注意观察学生的表情动作以及日后的表现，来查验此种方法是否达到效果。

班主任在传递信息时尽量自然不做作，不能让学生察觉到自己的目的。在技巧这一方面，班主任需要多练习，才能发挥自如。

2. 表情动作暗示

表情动作是人的第二语言。表情动作暗示也应该成为班主任暗示疗法的重要环节。班主任既可以单独运用表情动作暗示，也可以配合其他暗示方法，效果会加倍。

这一方法比较适用于敏感的学生和对班主任话语产生抵触的学生。在学生表现优秀时，班主任应该是肯定的表情，点头或微笑，或是做出表示"你真棒"的动作，都会积极地影响学生。在学生表现出负面情绪或是犯了错误时，班主任的表情不能是厌恶鄙夷的，那样会加重学生的负罪感，班主任可以很严肃，表示学生此举是错误的，然后应该是鼓励关爱的神态，让学生感受自己并没有被班主任放弃。

3. 情境暗示

情境暗示也是班主任可以采取的一种暗示疗法。班主任可以主动营造某种情境，带领学生置身其中。当学生进入到情境后，自然会产生相关联想。

班主任注意在运用情境暗示时，也同样要遵循自然原则，不能让学生识破这是刻意而为，进而对班主任产生抵触情绪。

第三节 交朋友小组疗法

一、交朋友小组疗法介绍

交朋友小组是罗杰斯治疗中的一种形式，它利用集体的环境和适当的人际关系来帮助人们改变适应不良的行为或解决心理矛盾和冲突，最大限度地利用集体中的每个人的潜能，以达到相互启发、相互教育和自我教育的功能。

交朋友小组的兴起反映了现代社会文明的负面影响——人情冷漠、缺乏信任以及高竞争压力对人们的社会生活所带来的影响。人们常感到人际关系紧张，没有安全感。激烈的社会竞争环境使人们经常处于心理应激和频繁应付状态之中，迫使人们过分地采取防御姿态以应付随时可能出现的打击和挑战。竞争的失败、心理冲突与挫折又会导致愤怒或恐惧，造成抑郁、失望和自卑感。许多人感到生活不仅紧张，而且没有意义。交朋友小组就是针对现实生活中的这些矛盾和困惑，采用互助和自助的办法来帮助人们从紧张的生活和心理应激中摆脱出来，寻求精神上

的寄托和生活的信心。所以交朋友小组活动既适用于各种由于心理问题
而苦恼或直接面临严重的心理应激和挑战的人，也适用于那些想让生活
更丰富、更有意义的正常人。

罗杰斯认为，交朋友小组的目的是要说服人们降低其社会屏障，不
受自我防御机制阻抑地揭示出自己最真实的情感。小组的促动者和参加
者积极地鼓励其他人表达自己的真实情感，显露出那些在小组外未表露
出的态度。使小组的每一个成员都被其他人如实地看待，并从其他成员
中得到关于自己的肯定的和否定的反馈，以便真正地认识自我。这个过
程不是一直很顺利的，在小组的各成员之间可能会出现敌对和攻击的情
况。但这种情况只是暂时的，通过小组促动者和小组成员们的工作，逐
渐地会在此基础上使大家都感受到友爱、亲切、温暖和信赖，每个成员
都会体会到其他成员对自己的关心和尊重。最后，就会由别人对自己的
积极关注中培养和增加每个成员对自己的自尊和信心，从而感受到自己
存在的价值，增强自我意识和责任感，改变自己的适应不良性行为，觉
得生活更富有意义。

二、交朋友小组疗法过程

交朋友小组每次的活动持续 2 小时左右。

小组活动渐进地开展，一般可分成三个阶段。

第一阶段：相互接受阶段。小组在开始活动时，往往会产生沉默，
人际关系尚未形成时，沉默成为参加者较大的心理负担。此时，促动者
与参加者要注意言语交流，既有助于人们传递感情，也不要带给别人心
理创伤。因此，在引导大家打破沉默的同时，要特别注意态度的亲切、
自然。应善意地友好地启发大家谈出对参加交友小组的目的、希望和要
求，并且介绍小组的性质和典型经验等。在通过言语手段求得了解的同
时，还要以非言语手段进行情感交流。在交流信息的基础尚未巩固时，
易产生混沌状态，这是一种手足无措的情感体验。在参加者的意志、思

维、感情不能疏通甚至碰壁时，促动者要善于疏通混沌，使大家产生安全感，树立愿意交流的愿望，启发大家以真诚的态度说话；通过各自磨炼、沉淀出来的感情认识，使参加者提高观察事物以及认识、分析、理解和处理事物的能力。

第二阶段：探求、理解阶段。在这一阶段里，参加者对自己既有高度评价，也有真诚的坦露，相互都听到真实的理性声音。在自我探求中，动摇了旧的自我，获得了力量；在倾听他人的陈述中，获得了自我认识的能力。参加者在探求中达到了相互理解或移情的目的。这对于人际关系的深化和心理成长是最基本的。

当两个人思维方法不一而又处于同一心理水平时，有时可产生对立情绪，激烈的对立不能单用言语的争论达到目的。促动者要运用自己的角色人格力量化解矛盾，要创造轻松、容人、相互信赖的气氛，巧妙地组织一些游戏、舞会等集体活动，创造一种超越言语的交流气氛，这对于打开紧闭的心扉是有作用的。此时必须强调尊重个人的独立性和自由的思考，允许和尊重不同意见的存在。

第三阶段：变化、成长的萌动阶段。参加者和促动者此时能直率地表明自己，能正直地回答他人，相互依赖感增强，表现了对他人的关心，相互都愿意倾听意见，整个小组出现了强烈的共存感。这时小组的气氛和谐、亲密，情绪高涨，出现了无所不谈的局面，开玩笑也随便了。从而达到了心身两方面的放松、畅快与提高，在互相理解、互相感到关联的感情中相互告别。

并非所有的交朋友小组活动都能达到这一效果。如有些小组气氛不热烈、不和谐，谈话的内容达不到一定深度，往往在不了了之的气氛中结束。有些小组在促动者的努力下虽然完成了各个阶段任务，但缺乏充实感和深度。造成这种情况的原因，既有社会和文化的因素，也有促动者和参加者个人的因素。

三、班主任如何运用交朋友小组疗法

交朋友小组疗法适用于性格孤僻、独来独往的学生，恰恰是这一类学生最容易产生心理上的问题。班主任可以将这些学生集中在一起组成一个"交朋友小组"，与专业疗法不同的一点就是小组成员彼此之间并不是不认识的，是同一班的同学。但是他们性格孤僻，所以彼此交流甚少，并不熟悉。

班主任是这个小组的促动者，可以选择参加小组的讨论，也可以放手让学生们自己进行讨论，两种方法各有利弊。班主任参与小组讨论，优势是带动学生的积极性，引导学生发言，劣势是可能会影响学生的心情，造成学生不肯发言；班主任不参与小组讨论，优势是给学生以自主的空间，让他们随意发挥，劣势是讨论的进程难以掌控，效果不明朗。班主任可以根据小组实际情况选择方法。

第四节　支持疗法

一、支持疗法介绍

支持疗法是指在心理治疗过程中应用劝导、启发、评价、鼓励和同情等指导性方式，消除患者的疑虑，以解释、鼓励、保证、指导和促进环境改善五种具体的支持手段帮助和指导患者分析他所面临的问题，使其能遵循正确的生活方式和恢复心身机能的平衡。

人们在遭受挫折或接受环境所加予的严重压力或灾难后，会产生紧

张状态。这是一种特殊的心理生理状态，它不仅表现为焦虑、紧张、知觉过敏、表情不自然、注意力难集中、小动作增多等心理改变，还可有一系列的生理表现，如尿频、心跳、手颤、食欲不振、血压增高、头痛头昏、月经不调等。在心理紧张状态下，人们常通过心理平衡调节系统，采取一系列的摆脱方法。这些方法有的是正确的，有的可能是病理性的、不正确的。有时心理紧张状态特别严重，超出了心理调节平衡系统调整的能力，因而就会产生疾病。产生疾病后病人毫无例外地一方面焦虑、担心、害怕，一方面又希望疾病能很快治好。这时，要通过支持性心理治疗，增强心理平衡调节系统的机能，增强对心理紧张状态的承受力，支持他们采取正确的摆脱心理紧张状态的方法，以克服病理性的、不正确的方法。支持病人要求迅速治好疾病的心理，指导他去克服那些悲观、焦虑、恐惧、失望的心理，从而使病人与医生能密切配合，取得更好的疗效，这就是支持疗法的机理。

支持疗法，不论采用个别交谈或集体治疗的形式，都是医生应用语言作为治疗的手段。语言是人类所特有的表达思维与进行社交活动的工具，医生的语言往往对病人具有权威性，产生极大的影响。当医生用深入浅出的语言说明他所产生的心理紧张状态的前因后果、疾病的来龙去脉、治疗的方法时，往往能干预他们的心理紧张。医生再用语言支持他们内心所存在的正常的欲望、要求、思想与方法，就能促使他们克服那些错误的、有害的心理与行为，树立起正确的态度、对疾病治愈的信心，从而使支持性心理治疗达到治疗的目的。

二、支持疗法的适用范围

支持疗法是一种临床应用比较广泛的心理疗法，特别适合应用于下列各种情况：

1. 短期内遭受挫折或严重的灾难，以致产生抑郁、焦虑、惶惑不安、苦闷和紧张的患者；

2. 环境中长期存在矛盾、紧张或压抑，致使内心抑郁不安、心境不佳，感到前途渺茫，甚至产生消极观念的病人；

3. 患有各种躯体疾病，对疾病本质不了解，以致顾虑重重、消极悲观或长期治疗不愈，对治疗信心不足，甚至对医务人员产生抱怨、抵触情绪的病人；

4. 患有各种心身疾病，对疾病疑惧，而在治疗中又必须解决其心因，或与躯体疾病同时存在有心理紧张、焦虑和抑郁者；

5. 各类神经症病人，通常要首先进行支持性心理治疗。在此基础上再配合其他心理治疗，结合药物治疗、物理治疗等，才能收到事半功倍的疗效；

6. 患有各种顽症、绝症，如恶性肿瘤等病人，为减少其痛苦及绝望心情，支持性心理治疗也是必不可少的。

支持疗法常配合其他疗法进行治疗，一般 10～15 次为 1 个疗程。

三、班主任如何运用支持疗法

班主任不必严格按照支持疗法的疗程来进行。但是一定要坚持每天为有心理问题的学生进行辅导。

无论学生做了什么错误的事情，班主任务必抛下个人成见，先要站在学生的一方，而不是对立面上，在精神上给予学生力量，缓解他的紧张感。与学生成为同一阵线后，班主任才可以开展后续的治疗，包括帮助学生分析其问题、梳理学生的情绪、纠正其不良心理及行为等。但是做这一切的语言辅导必须也是从学生的角度出发，让他了解班主任是站在自己一方的。切忌在出现问题时，班主任客观地剥离自己或是冷酷地反对学生。这些行为都会增加学生的孤独无助感。给学生关爱与支持，是每个班主任必须做到的。

第五节　自我指导训练

一、自我指导训练介绍

自我指导训练是一种通过大声思维的方法来达到自我行为的控制和干预目的。与其他心理治疗方法不同的是，自我指导训练没有形成复杂的理论体系，它的应用多在儿童行为矫正和教育方面。作为一种治疗技术，它也可用于治疗焦虑症、强迫症和精神分裂症等，但是疗效评价褒贬不一。

自我指导训练最常用于治疗有攻击性倾向和有注意缺陷的儿童。前苏联心理学家鲁利亚和维果茨基认为，儿童把来自外界的言语评价转变为自我评价是发育过程中的一个重要阶段，而攻击性儿童可以看成为没有很好地将外控转变为自控的表现。从一系列对自控能力差的儿童研究中发现，这些儿童缺乏适当的言语调整功能。因此，对这些儿童的治疗就不能完全等同于其他心理障碍病人的认知治疗，因为他们不存在与适应不良性认知有关的问题，而是由于缺乏切合实际的思想行为，所以需要有一种特别的认知技术来矫正这些儿童。

20 世纪 70 年代，法国心理学家迈肯鲍姆和戈登曼提出了自我指导训练这一认知技术，旨在希望："训练攻击性儿童自身内部的言语评价或者自我指导，使之行为反应渐趋适当；为了使他们的行为在自己的言语控制之下，加强儿童内心言语的调节成分；鼓励儿童适当地强化自己的行为。"使儿童发展新的认知模式，以达到自控。

二、自我指导训练内容

自我指导训练的方法是由几个部分的训练工作组成的。基本训练工作有两个方面，即非个人认知的训练和解决人际问题的训练。在治疗的第一阶段，治疗医师大声讲出许多有关自我表达的词句，这些词句也就是给病人示范一步一步的技巧，如：①确定问题，"我需要做什么"；②接近问题，"假设由我来设计这个模型"；③注意关键点，"我首先估算一下，框出大小，然后一步步设计"；④说明和修正错误，"我有一部分做错了，我可以修改。我重新做可以做得更加细心"；⑤自我强化，"我做好了，我做了一件非常满意的工作"。让儿童看着治疗医师做了一遍以后，然后指导他们自己大声地讲一遍，以后声音逐渐放低，最后直至默念。

在自我指导训练中，治疗医师的行为示范非常重要。在病人训练之前，治疗医师先示范自我指导的每一步骤；在病人训练期间，治疗医师还要指导如何解决问题。另外，还可以采用奖惩原则，在出现适当行为和正确反应时，给予一定的奖赏。通常，自我指导训练结合其他认知和行为治疗技术一起治疗较单独使用这一方法有效。

三、班主任如何运用自我指导训练

对待有行为问题的学生，班主任可以选择运用自我指导训练。

自我指导训练并不是简单地将如何做告诉学生即可，而是参与他修正自己行为的过程，并且示范给学生如何做。

班主任在这个过程中是学生的榜样，所以在进行之前，班主任自己就要确定好每一个步骤，规范自己的每一句话和每一个动作，预测一下可能发生的情况。只有进行了反复练习后，班主任才能对学生进行这一疗法。

在进行自我指导训练时，班主任要有耐心，而且给予学生足够的信心，告诉他班主任相信他可以做好。第一次也许学生无法完成，或者是进行了几次，训练效果依然不佳。班主任仍然不能灰心，这是一个循序渐进的过程，在学生取得进步时，班主任一定要积极鼓励学生。同样，总结每一次的训练也很重要，要及时修正训练的漏洞。

第六节　游戏疗法

一、游戏疗法介绍

游戏疗法是一种适用于儿童的集体心理治疗方法。这种疗法通过游戏的方式投射出儿童的内心活动，间接地表达和发泄儿童的情感、思维和被压抑的愿望，使治疗者能够了解病情，发现症结，从而以儿童能够理解的语言和比喻进行分析和解释，加强其自我的力量，促进其人格的发展，以达到治疗的目的。

在游戏疗法中，游戏的意义在于其具有象征性，通过游戏能反映出儿童无意识的内心冲突和幻想。游戏本身并不具有治疗作用，它是治疗者了解儿童内心世界的媒介。

游戏疗法一般是在室内进行，其中布置有各种玩具，一般包括不同年龄、不同性别、不同身份和称呼的玩具，如父母、同胞形象的玩具等。此外可设置有各种家具、洗涤用具、电话、各种车辆、玩具手枪、皮球、积木、各种笔、黑板和做模型的黏土以及绘画用品等，但必须注意玩具是无伤害的、无危险的物品。

二、游戏疗法分类

游戏疗法一般可以分成两类：

1. 自发性游戏疗法

这种方法是事先不规定特定的玩具，儿童可以自由地选择任何放在游戏室内的玩具。治疗者给儿童提供这种有利的客观环境，使其产生有意义的投射，鼓励和发挥儿童自我实现良好行为的主观能动性，促进儿童有效地处理自己所存在的不良情绪和行为问题。

2. 情境设定性游戏疗法

这种方法所使用的玩具均由治疗者选择放置，如娃娃之家，家具以及具有和儿童及其家庭成员相同数目和特点的玩具，让儿童自由地游戏。此时，儿童极易把自己家庭状况投射到游戏之中。

在实际应用中，根据具体情况选择游戏疗法的具体类型。一般来说，自发性游戏疗法能使儿童有较多的自由选择的余地，并且能减少其警惕心理。但自发性游戏疗法比情境设定性游戏疗法需要更多的时间来了解儿童的问题或症结。情境设定性游戏疗法虽然能缩短儿童问题暴露的时间，但它对所了解问题的范围有一定限制。故疗法的选择和应用，要根据治疗者的诊治目的、经验和儿童的实际情况而定。

在治疗过程中，治疗者不需将所观察到的情况对儿童说明，而要对儿童持赞许和同情的态度，顺其自然，让其轻松自由地表达和发泄出来，以后再酌情予以适当的启发和协助。

每次治疗一般以 40～50 分钟为宜，但可根据儿童的具体情况适当延长或缩短时间。通常每周一次，特殊情况也可以增加到每周 2～3 次。

三、班主任如何运用游戏疗法

游戏疗法比较适合年龄较小的学生，班主任可以和学生的家长共同配合，利用一些简单的玩具，就可以反映出学生的心理。

在游戏室里，学生自由选择自己喜欢的游戏来进行。无论哪一种游戏都可以反映出学生心理。例如学生进行绘画这项游戏，所画的事物就能反映其内心，表达他这段时间关注的事情或存在的问题。例如学生进行玩偶游戏，每一个玩偶都代表学生身边的一个人，正好映射学生所处的人际关系，如果学生排斥某一个玩偶，就说明他对这一人物存在心理抵触情结。

在游戏中，年龄小的孩子最容易放松，最容易表现出真实的自己。班主任和家长在暗中进行观察，忽略自己在场的影响。观察后得出的结果可以帮助班主任进行后续的治疗。

如果班主任的能力有限，也不能妄下断言，最好找一些专业的心理辅导师进行咨询，以便能对症下药，尽快为学生解决心理问题。

附 录

中小学心理健康教育指导纲要

　　良好的心理素质是人的全面素质中的重要组成部分。心理健康教育是提高中小学生心理素质的教育，是实施素质教育的重要内容。中小学生正处在身心发展的重要时期，随着生理、心理的发育和发展、社会阅历的扩展及思维方式的变化，特别是面对社会竞争的压力，他们在学习、生活、人际交往、升学就业和自我意识等方面，会遇到各种各样的心理困惑或问题。因此，在中小学开展心理健康教育，是学生健康成长的需要，是推进素质教育的必然要求。为了深入贯彻《公民道德建设实施纲要》和《国务院关于基础教育改革与发展的决定》及《中共中央办公厅国务院办公厅关于适应新形势进一步加强和改进中小学德育工作的意见》，进一步指导和规范中小学心理健康教育工作，在总结实验区工作经验的基础上，特制定本纲要。

一、心理健康教育的指导思想和基本原则

　　1. 开展中小学心理健康教育工作，必须坚持以马列主义、毛泽东思想、邓小平理论、"三个代表"重要思想为指导，贯彻党的教育方针，落实《公民道德建设实施纲要》和《国务院关于基础教育改革与发展的决定》及《中共中央办公厅国务院办公厅关于适应新形势进一步加强和改进中小学德育工作的意见》，坚持育人为本，根据中小学生生理、心理发展特点和规律，运用心理健康教育的理论和方法，培养中

小学生良好的心理素质，促进他们身心全面和谐发展。

2. 开展中小学心理健康教育，要立足教育，重在指导，遵循学生身心发展规律，保证心理健康教育的实践性与实效性。为此，必须坚持以下基本原则：根据学生心理发展特点和身心发展规律，有针对性地实施教育；面向全体学生，通过普遍开展教育活动，使学生对心理健康教育有积极的认识，使心理素质逐步得到提高；关注个别差异，根据不同学生的不同需要开展多种形式的教育和辅导，提高他们的心理健康水平；尊重学生，以学生为主体，充分启发和调动学生的积极性。积极做到心理健康教育的科学性与针对性相结合；面向全体学生与关注个别差异相结合；尊重、理解与真诚同感相结合；预防、矫治和发展相结合；教师的科学辅导与学生的主动参与相结合；助人与自助相结合。

二、心理健康教育的目标与任务

1. 心理健康教育的总目标是：提高全体学生的心理素质，充分开发他们的潜能，培养学生乐观、向上的心理品质，促进学生人格的健全发展。

心理健康教育的具体目标是：使学生不断正确认识自我，增强调控自我、承受挫折、适应环境的能力；培养学生健全的人格和良好的个性心理品质；对少数有心理困扰或心理障碍的学生，给予科学有效的心理咨询和辅导，使他们尽快摆脱障碍，调节自我，提高心理健康水平，增强自我教育能力。

2. 心理健康教育的主要任务是全面推进素质教育，增强学校德育工作的针对性、实效性和主动性，帮助学生树立在出现心理行为问题时的求助意识，促进学生形成健康的心理素质，维护学生的心理健康，减少和避免对他们心理健康的各种不利影响；培养身心健康，具有创新精神和实践能力，有理想、有道德、有文化、有纪律的一代新人。

按照"积极推进、实事求是、分区规划、分类指导"的工作原则，不同地区应根据本地实际，积极做好心理健康教育的工作。

——大中城市和经济发达地区，要普遍开展心理健康教育工作。教师要在具有较全面的心理学理论知识和进行心理辅导的专门技能以及提高自身良好的个性心理品质上有显著提高。

——有条件的城镇中小学和农村中小学，要从实际出发，有计划、有步骤地开展心理健康教育工作。要抓好心理健康教育骨干教师队伍建设，同时在总结经验的基础上加强区域性心理健康教育的整体推进工作。

——暂不具备条件的农村和边远地区，要从实际出发，制定出中小学地区性的心理健康教育的发展规划；重点抓好一批心理健康教育的试点学校，积极开展心理健康教育教师的培训工作；逐步推进心理健康教育工作。

三、心理健康教育的主要内容

1. 心理健康教育的主要内容包括：普及心理健康基本知识，树立心理健康意识，了解简单的心理调节方法，认识心理异常现象，以及初步掌握心理保健常识，其重点是学会学习、人际交往、升学择业以及生活和社会适应等方面的常识。

2. 城镇中小学和农村中小学的心理健康教育，必须从不同地区的实际和学生身心发展特点出发，做到循序渐进，设置分阶段的具体教育内容。

小学低年级主要包括：帮助学生适应新的环境、新的集体、新的学习生活与感受学习知识的乐趣；乐与老师、同学交往，在谦让、友善的交往中体验友情。

小学中、高年级主要包括：帮助学生在学习生活中品尝解决困难的快乐，调整学习心态，提高学习兴趣与自信心，正确对待自己的学习成绩，克服厌学心理，体验学习成功的乐趣，培养面临毕业升学的进取态度；培养集体意识，在班级活动中，善于与更多的同学交往，健全开朗、合群、乐学、自立的健康人格，培养自主自动参与活动的能力。

初中年级主要包括：帮助学生适应中学的学习环境和学习要求，培养正确的学习观念，发展其学习能力，改善学习方法；把握升学选择的方向；了解自己，学会克服青春期的烦恼，逐步学会调节和控制自己的情绪，抑制自己的冲动行为；加强自我认识，客观地评价自己，积极与同学、老师和家长进行有效的沟通；逐步适应生活和社会的各种变化，培养对挫折的耐受能力。

高中年级主要包括：帮助学生具有适应高中学习环境的能力，发展创造性思维，充分开发学习的潜能，在克服困难取得成绩的学习生活中获得情感体验；在了解自己的能力、特长、兴趣和社会就业条件的基础上，确立自己的职业志向，进行职业的选择和准备；正确认识自己的人际关系的状况，正确对待和异性伙伴的交往，建立对他人的积极情感反应和体验。提高承受挫折和应对挫折的能力，形成良好的意志品质。

四、心理健康教育的途径和方法

1. 开展心理健康教育的途径和方法可以多种多样，不同学校应根据自身的实际情况灵活选择、使用，注意发挥各种方式和途径的综合作用，增强心理健康教育的效果。心理健康教育的形式在小学可以以游戏和活动为主，营造乐学、合群的良好氛围；初中以活动和体验为主，在做好心理品质教育的同时，要突出品格修养的教育；高中以体验和调适为主，并提倡课内与课外、教育与指导、咨询与服务的紧密配合。

2. 开设心理健康选修课、活动课或专题讲座。包括心理训练、问题辨析、情境设计、角色扮演、游戏辅导、心理知识讲座等，旨在普及心理健康科学常识，帮助学生掌握一般的心理保健知识，培养良好的心理素质。要注意防止心理健康教育学科化的倾向。

3. 个别咨询与辅导。开设心理咨询室（或心理辅导室）进行个别辅导是教师和学生通过一对一的沟通方式，对学生在学习和生活中出现的问题给予直接的指导，排解心理困扰，并对有关的心理行为问题进行诊断、矫治的有效途径。对于极个别有严重心理疾病的学生，能够及时识别并转介到医学心理诊治部门。

4. 要把心理健康教育贯穿在学校教育教学活动之中。要创设符合心理健康教育所要求的物质环境、人际环境、心理环境。寻找心理健康教育的契机，注重发挥教师在教育教学中人格魅力和为人师表的作用，建立起民主、平等、相互尊重的新型师生关系。班级、团队活动和班主任工作要渗透心理健康教育。

5. 积极开通学校与家庭同步实施心理健康教育的渠道。学校要指导家长转变教子观念，了解和掌握心理健康教育的方法，注重自身良好心理素质的养成，营造家庭心理健康教育的环境，以家长的理想、追求、品格和行为影响孩子。

五、心理健康教育的组织实施

1. 加强对中小学心理健康教育工作的领导和管理。心理健康教育工作是学校教育工作的重要组成部分，各级教育行政部门和学校，要切实加强对心理健康教育工作的领导，积极支持开展中小学心理健康教育工作，帮助解决工作中的困难和问题。要通过多种途径和方式，根据本地、本校教育教学实际，保证心理健康教育时间，课时可在地方课程或学校课程时间中安排。各地教育行政部门要把心理健康教育工作纳入到对学校督导评估之中，加强对教师和咨询人员的管理，建立相应的规章制度。

2. 加强师资队伍建设是搞好心理健康教育工作的关键。学校要逐步建立在校长领导下，以班主任和专兼职心理辅导教师为骨干，全体教师共同参与的心理健康教育工作体制。专职人员的编制可从学校总编制中统筹解决。统筹安排中小学专职心理辅导教师专业技术职务评聘工作。根据学校实际情况，可聘请一定数量的兼职教师或心理咨询人员。

要重视教师心理健康教育工作。各级教育行政部门和学校要把教师心理健康教育作为教师职业道德教育的一个方面，为教师学习心理健康教育知识提供必要的条件。要关心教师的工作、学习和生活，从实际出发，采取切实可行的措施，减轻教师的精神紧张和心理压力，使他们学会心理调适，增强应对能力，有效地提高心理健康水平。

3. 要积极开展心理健康教育的教师培训。教育部将组织有关专家编写教师培训用书，并有计划、分期分批地培训骨干教师。高等学校的心理学专业和教育学专业要积极为中小学输送合格的心理健康教育教师。师范院校要开设与心理健康教育有关的课程，以帮助师范学生和中小学教师掌握心理健康教育的基础知识和技能。各级教育行政部门要积极组织对从事心理健康教育教师的专业培训，把对心理健康教育教师的培训列入当地和学校师资培训计划以及在职教师继续教育的培训系列。培训包括理论知识学习、操作技能训练、案例分析和实践锻炼等内容。通过培训提高专、兼职心理健康教育教师的基本理论、专业知识和操作技能水平。

4. 加强心理健康教育的教研活动和课题研究。学校在进行心理健康教育时，要从学生实际出发，强调集体备课，统一做好安排。要以学生成长过程中遇到的各种问题和需要为主线，通过教研活动，明确心理健康教育的重点、难点，掌握科学的教育方法，提高心理健康教育的质量。坚持理论与实践相结合，通过带课题培训与合作研究等方式，推广优秀科研成果。

5. 各种心理健康教育自助读本或相关教育材料的编写、审查和选用要根据本指导纲要的统一要求进行。自 2002 年秋季开学起，凡进入中小学的自助读本或相关教育材料必须按有关规定，经教育部或省级教育行政部门组织专家审定后方可使用。

6. 各地在组织实施过程中，要注意心理健康教育与德育工作的密切联系，既不能用德育工作来代替心理健康教育，也不能以心理健康教育取代德育工作。不能把学生的心理问题简单归结为思想品德问题。同时，各地应根据中央和教育部的文件精神，对此项工作统一规范称为"心理健康教育"。

7. 心理咨询是一项科学性、专业性很强的工作，也是心理健康教育的一条重要渠道。大中城市具备条件的中小学校要逐步建立和完善心理咨询室（或心理辅导室），配置专职人员。对心理咨询或辅导人员要提出明确要求。严格遵循保密原则，谨慎使用心理测试量表或其他测试手段，不能强迫学生接受心理测试，禁止使用影响学生心理健康的仪器，如测谎仪、CT脑电仪等。

8. 各地教育行政部门和学校既要积极创造条件，又要从实际出发，有计划、有步骤地开展心理健康教育工作。既要充分利用社会心理健康教育的资源，又要注意防止心理健康教育医学化和学科化的倾向。不能把心理健康教育搞成心理学知识的传授和心理学理论的教育，也不能把心理健康教育看成是中小学各学科课程的综合或思想品德课的重复，更不许考试。

9. 加强心理健康教育的课题研究与科学管理，特别要注重心理健康教育与德育、与人的全面发展关系的研究。各级教育行政部门对此项工作要给予大力指导，积极支持科研部门广泛开展科学研究活动，保证心理健康教育工作科学、健康地发展。